Dr. Dirk Ohlmann

Ich nehme mein Leben in die Hand

RHEIN MOSEL VERLAG

3. Auflage 2021
RHEIN-MOSEL-VERLAG
Zell / Mosel
Brandenburg 17, D-56856 Zell / Mosel
Tel 06542 / 5151 Fax 06542 / 61158

ISBN 978-3-89801-362-8
Lektorat: Gabriele Korn-Steinmetz
Ausstattung: Stefanie Thur
Foto Titel und Autorenfoto: Christine Hartge-Ohlmann
Fotos: Dirk Ohlmann / Christine Hartge-Ohlmann

Dr. Dirk Ohlmann

Ich nehme mein Leben in die Hand

Ein Umdenkbuch

RHEIN-MOSEL-VERLAG

Es gibt nur eine Zeit, Deine Zeit.

Und ihr Wesen ist der Wandel.

Wer den Wandel nicht will,

der will auch nicht das Leben.

Auszug aus einem Lied von Konstantin Wecker

Inhaltsverzeichnis

Vorwort

In diesem Buch wird eine moderne Therapieform, die Akzeptanz- und Commitmenttherapie (ACT) nach Steven Hayes vorgestellt, einem bekannten amerikanischen Psychologen und Psychotherapieforscher.

ACT ist eine neue Form einer Therapie, die nicht nur psychisch kranken Menschen zugute kommt. Vielmehr handelt es sich um eine offene und sanfte Art zu leben, die uns allen guttut. Diese radikale Andersartigkeit der Sichtweise auf das Leben wird dem Leser im vorliegenden Buch rasch deutlich. Diese Methode ermöglicht jedem, der sich mit ihr beschäftigt, ein besseres Leben zu führen.

Was bedeutet ein besseres Leben?

Wer achtsam im Hier und Heute lebt und im Einklang mit seinen Zielen und Werten handelt, der führt zweifellos ein angenehmeres Leben als derjenige, der meist unnötige gedankliche Kämpfe führt, die sowieso nicht zu gewinnen sind und den Blick auf seine Ziele und Werte verloren hat. Wer die Akzeptanz entwickelt, Dinge und Gefühle hinzunehmen, die nicht zu ändern sind und die Bereitschaft erlangt, gegebenenfalls notwendige Veränderungen auf seinem Lebensweg in Angriff zu nehmen, wird am Ende gewinnen. Demjenigen, dem es gelingt, sich von Überzeugungen über die eigene Person zu lösen, die nicht mehr hilfreich sind, der wird Zugang zu seinem eigentlichen Ich erlangen und letztendlich im Einklang mit sich und seiner Umwelt leben.

Um dieses Ziel zu erlangen, erweist sich die im Folgenden beschriebene Methode als hilfreich und effektiv. Sie beinhaltet die oben dargestellten sechs Kernpunkte: Akzeptanz und Bereitschaft für Gefühle entwickeln, die nicht abwendbar sind, Aufgabe des Kampfes mit Gedanken, die nicht zu besiegen sind, im Hier und Heute leben, Klarheit über Werte und Ziele erlangen, in Bewegung kommen und sich über sein wirkliches »Ich« bewusst werden.

In »Teil I« wird meine persönliche Lebensgeschichte unter besonderer Berücksichtigung krisenhafter Phasen dargestellt. Hierin sind immer wieder Passagen von ACT-Kernfertigkeiten eingebaut, um diese ansatzweise vorzustellen und zu zeigen, wie und in welchen Lebenssituationen sie eingesetzt werden können. Diese sind farbig markiert, um sie dem Leser besonders hervorzuheben.

In »Teil II« wird ACT durchgängig als Methode vorgestellt. Die sechs Kernpunkte werden in anschaulicher und verständlicher Art und Weise vorgestellt unter Zuhilfenahme von Geschichten (Parabeln, Metaphern) und Übungen.

Zur Verdeutlichung und zu Meditationszwecken wurden Bilder aus meiner Heimatregion Eifel-Mosel mit eingeflochten.

Man kann das Buch von Anfang bis Ende lesen oder direkt mit »Teil II« beginnen.

Ziel ist es, die Fertigkeiten, die in diesem Buch vermittelt werden, zu erlernen und dann regelmäßig im Alltag anzuwenden. ACT ist eine Verhaltenstherapie, durch welche das eigene Verhalten und Erleben positiv verändert werden soll. Nur, wenn die Übungen verinnerlicht und regelmäßig angewendet werden, kommt wie selbstverständlich ein Prozess in Gang nach dem Prinzip:

»Lass den Kuchenteig aufgehen oder lass das Pflänzlein wachsen.«

Also viel Spaß beim Lesen dieses »Umdenkbuches«.

Zum Schluss möchte ich mich bei meiner Ehefrau, Frau Christine Hartge-Ohlmann bedanken, die mir bei der Umsetzung und Durchführung dieses Buches mit kreativen Ideen und Hilfestellungen zur Seite stand und mich motivierte weiterzumachen, wenn ich glaubte, dass der »Berg zu hoch« sei. Christine Hartge-Ohlmann ist selbst Trainerin und Coach und arbeitet bereits seit vielen Jahren in diesem Beruf.

Bedanken möchte ich mich auch bei meinen Klientinnen und Klienten, die sich mit mir darauf eingelassen haben, diese Methode kennenzulernen und anzuwenden und von denen ich im Umkehrschluss auch sehr viel Neues erfahren konnte.

Ihr

Dr. Dirk Ohlmann

1.1 Erkenntnis im Zug

Teil I: Meine persönlichen Erfahrungen mit der »Akzeptanz- und Commitmenttherapie« (ACT)

Ich saß im Zug auf dem Rückweg von Berlin nach Wittlich. Es war der 28. November.

In Berlin hatte ich zum wiederholten Male den Deutschen Kongress für Psychiatrie und Psychotherapie besucht und wie immer einiges Neue erfahren.

Was mich aber absolut begeisterte und bis zum heutigen Tag nicht mehr losgelassen hat, war das Kennenlernen einer neuen Form der Psychotherapie, der dritten Welle der Verhaltenstherapie, die Akzeptanz - und Commitmenttherapie (in der Folge als ACT bezeichnet), die hier erstmals von Herrn Dr. Rainer Sonntag, Facharzt für Psychiatrie und Psychotherapie, als neue Methode vorgestellt wurde. Die Methode war zu diesem Zeitpunkt in Deutschland gerade erst aus Amerika angekommen, wo sie schwerpunktmäßig von Herrn Professor Steven Hayes, einem bekannten amerikanischen Psychologen und Psychotherapieforscher und seinen Mitarbeitern entwickelt wurde. In der Folge besuchte ich dann viele Seminare, die mich immer weiter mit dieser Therapieform vertraut machten. Man kann sagen, dass ich quasi von der ersten Stunde an zumindest für eine gewisse Zeit mit dabei war. Meine Begeisterung konnte ich mit vielen Kollegen und Therapeuten teilen und mich mit ihnen austauschen. Viele aus dieser Zeit wenden heute diese Methode mit großem Erfolg an, sowohl bei sich selbst als auch bei ihren Patienten und haben zum Teil auch Bücher darüber geschrieben.

Ich habe ACT sehr viel zu verdanken. Es hatte mich in die Lage versetzt, meine damalige Lebenssituation zum ersten Mal von außen zu betrachten, quasi eine Beobachterposition einzunehmen. Von hier aus konnte ich wahrnehmen, wie nah oder weit ich in verschiedenen Lebensbereichen meinen Werten war. Mir wurde bewusst, dass Veränderungen notwendig waren. Die Methode hat mir dann dabei geholfen, die aktive Bereitschaft zu entwickeln, einen anderen Weg einzuschlagen und die nötigen unangenehmen Gefühle, die dabei entstanden waren, in Kauf zu nehmen. Vor allem aber war es mir gelungen, dem die Macht zu nehmen, was mir in der Vergangenheit die Möglichkeit genommen hatte, etwas in meinem Leben zu verändern: meinem Verstand.

Nun aber zurück zum November 2008.

Nachdem ich dieses Seminar in Berlin besucht hatte und im Zug nach Hause saß, wurde mir plötzlich ganz klar:

»Ich sitze in einem Loch.«

1.1 Erkenntnis im Zug

Metapher (Geschichte) vom Menschen im Loch:

Stellen Sie sich vor, Sie stehen auf einem langen Sandfeld. Sie bekommen die Augen verbunden und einen Rucksack aufgeschnürt, von dem Sie nicht wissen, was sich darin befindet. Dann sagt man Ihnen, dass Sie loslaufen sollen. Sie tun wie befohlen und laufen los. Plötzlich fallen Sie in ein Loch. Denn man hat Ihnen nicht gesagt, dass sich in diesem Sandfeld Löcher befinden, und zwar unterschiedlich tiefe Löcher. Im ersten Augenblick sind Sie etwas erstaunt, womöglich auch entsetzt darüber, was mit Ihnen geschehen ist. Doch langsam kommen Sie wieder zu klarem Verstand (was immer das auch bedeutet, hierüber werden wir später noch einiges lernen). Nun nehmen Sie sich die Binde von den Augen und stellen fest, dass das Loch, in dem Sie gerade stehen, sehr tief ist. Dann schauen Sie in Ihren Rucksack. Das Einzige, was sich darin befindet, ist eine Schaufel. Folglich beginnen Sie zu schaufeln. Sie tragen den Sand ab, um aus Ihrem Loch wieder heraus zu kommen. Je mehr Sie aber graben, umso tiefer wird das Loch. Würde man Ihnen eine Leiter reichen, würden Sie wahrscheinlich versuchen, mit der Leiter das Loch weiter auszuheben, anstatt zu erkennen, dass die Leiter ein Gegenstand ist, mit dessen Hilfe Sie tatsächlich aus dem Loch herausfinden würden.

(Passive Bereitschaft, Akzeptanz)

In dieser Geschichte sah ich plötzlich meine damalige Lebenssituation widergespiegelt wie sie sich mir zu diesem Zeitpunkt bot, als ich im Zug von Berlin nach Wittlich saß.

Ja, man könnte sagen, als ich am 20.12.1964 geboren wurde, begann ich loszulaufen. Ich folgte blind einem scheinbar mir vorgezeichneten Weg. Also quasi wie in der oben geschilderten Parabel marschierte ich mit verbundenen Augen los. Letztlich blieben die Augen auch lange verbunden, dergestalt, dass mir bis zu besagtem Tag im Jahr 2008 im Alter von 44 Jahren oftmals der klare Blick fehlte. Vieles tat ich, weil man mir es so vermittelt hatte. Die Handlungsanweisungen und Vorbildfunktionen kamen von den Eltern, Großeltern, Freunden und ja, auch aus der Gesellschaft oder dem allgemeinen »Mainstream« (Herdentrieb, tun, was gerade »in« ist). Auch wenn die Ratschläge und das Vermittelte und Erlernte sicherlich immer gut gemeint waren, prägten sie mich in einer Art und Weise, die ich oft nicht verändern

konnte und vielleicht für mich als Individuum nicht immer hilfreich waren. Michael Balint (1896-1970), Psychiater und Psychoanalytiker sagte einmal: »Ratschläge sind wie gut gemeinte Schläge«. Ich betrachtete somit mein Handeln nicht kritisch, betrachtete mich nicht von außen, achtete vor allem nicht auf die Funktionalität meines Denkens und Handelns.

Das war ungefähr so, als trüge ich einen Mantel, der zwar sehr schön ist, der aber nicht passt. Weder in der Größe noch in der Farbe.

Metapher (Geschichte) von dem Mantel:

Stellen Sie sich vor, Sie sehen einen wunderschönen Ledermantel. Sie sind wie besessen davon, diesen Ledermantel zu besitzen und ihn sich anzuziehen. Das tun Sie dann auch. Allerdings müssen Sie sich völlig verbiegen, damit Sie in diesen Mantel hineinpassen. Sie müssen einen Buckel machen, auch ist der linke Arm etwas kürzer als der rechte, sodass Sie sich nach rechts drehen müssen. Und so laufen Sie dann mit einem äußerlich schönen, aber vollkommen unbequemen und unpraktischen Mantel durch das Leben. Sie werden unterschiedliche Kommentare hören, etwa: »Ist das ein schöner Mantel.« Oder aber: »Schau dir mal diesen Krüppel an, wie schief der geht.«

(Selbst-als-Konzept)

Mit verbundenen Augen und den oben dargestellten inneren Einstellungen begann ich also quasi von Geburt an meinen »Marsch über das Sandfeld« die meiste Zeit im »falschen Mantel«.

Die Kurzfassung dieses Weges bis hier und heute lautet ungefähr wie folgt:

Der Beginn war der meiner Geburt am 20. Dezember 1964 in Neunkirchen im Saarland. Der Weg ging über Schule, Abitur, Medizinstudium.

Aus dieser Zeit sind mir noch viele mein Leben prägende und meine Persönlichkeit (»Ich«) bildende Bilder, Momente und Aussagen in Erinnerung.

In frühen Kindheitstagen lebte ich in einer Großfamilie mit – mich eingerechnet – vier Generationen unter einem Dach: Meine Eltern, meine Großeltern, meine Urgroßeltern und ich. Im Grunde war also immer jemand für mich da. An relevante Streitereien konnte und kann ich mich rückblickend nicht erinnern. Diese für mich zumindest so erlebte Harmonie bestimmte lange Zeit meine Vorstellung vom Leben.

Da kamen auch frühe Bilder von meinem sicherlich liebenden Vater auf der einen Seite – ein Nachkriegskind – und seine Aussagen auf der anderen Seite wie: »Ein Indianer kennt keinen Schmerz«, »ein Blick genügt, und mein Sohn funktioniert«.

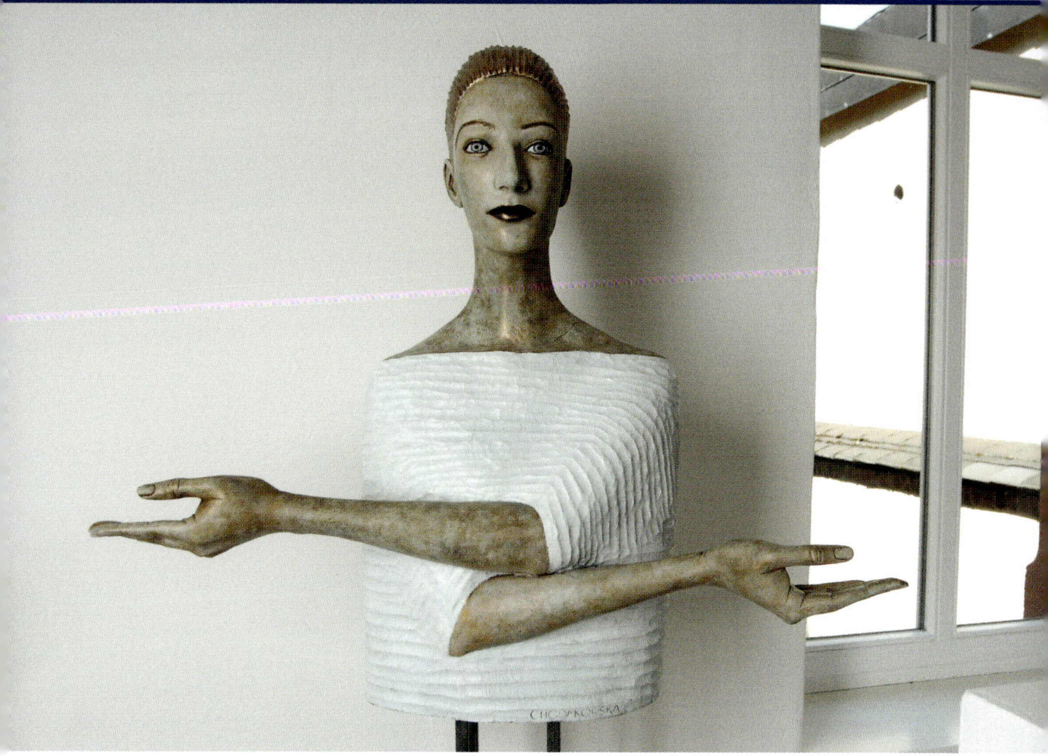

Dann gab es meinen Großvater, der mich sehr prägte durch seine allgegenwärtige einfühlsame Art und Weise, die mir ein Gefühl der Sicherheit und Geborgenheit gab. Durch ihn und die Situation der Großfamilie entstand in mir das Bild einer Welt, in der alles gut ist und es auch nur gute Menschen gibt.

Meine erste Kindergartenerfahrung ließ mich jedoch schnell eine andere Seite kennenlernen. Ich kann mich noch gut an meinen ersten und einzigen Tag im Kindergarten erinnern. In der damaligen Zeit hatte ich immer Probleme mit Veränderungen und Ängste vor Neuem, so auch vor dem Kindergartenbesuch. Ich sehe noch heute das Bild vor meinen Augen, wie ich zusammen mit den anderen Kindern beim Betreten des Kindergartens in den Keller gegangen bin. Dort mussten wir die Schuhe wechseln und unsere Handtücher an einen Haken hängen. Meine Mutter hatte auf mein Handtuch die Initialen »DO« gestickt. Beim Anblick des Handtuches schossen mir die Tränen in die

Augen. Dieses Gefühl kannte ich bereits. Es kam immer dann hoch, wenn mal keiner zu Hause und ich alleine war, was selten genug der Fall war. Im Anschluss ging es nach oben in den Kindergarten. Wir mussten uns alle an Tische setzen und sollten etwas malen. Ich malte ein Bild von meiner Mutter. Als es klingelte, war der erste Tag beendet. Ein Junge hinter mir, der größer und stärker war als ich, kam nach vorne an meinen Tisch und zerriss mein Bild. Ich fühlte mich derart ohnmächtig und wehrlos, dass ich nie wieder diesen Kindergarten betrat, und ich wurde auch nie mehr hierzu ermutigt.

In der Folge wurde ich im fünften Lebensjahr eingeschult. Das war sicherlich besser als der Kindergarten, aber auch nicht immer einfach. Manches fiel mir leicht, anderes wiederum nicht. So hatte ich Probleme, die Uhr zu lesen. Bis 12:00 Uhr mittags klappte das ganz gut, dann wurde es schwierig. Mein damaliger Lehrer wusste dies genau. Dennoch zitierte er mich immer an die Tafel und ließ mich Uhrzeiten aufmalen wie 14:30 Uhr. Dies gelang mir natürlich nicht. Viel schlimmer noch: Aus Angst und Scham machte ich mir vor der ganzen Klasse in die Hose. Bis heute weiß ich nicht, ob dies die anderen Schüler bemerkten. Ich aber fand es schrecklich.

Seit dieser Zeit habe ich mich stets bemüht, alles zu geben, in allem gut zu sein, wenngleich mein Gefühl von der »heilen Welt« immer noch anhielt. Diese Bemühungen und mein Ehrgeiz blieben mir erhalten. Es folgte der Besuch des Gymnasiums – ich war immer unter den Klassenbesten – danach zwei Jahre Bundeswehr mit Offizierslaufbahn und schließlich der Beginn des Medizinstudiums. Immer fühlte ich mich getrieben, immer brachte ich gute Leistungen, nie bin ich durch eine Klausur gefallen. Grenzen kannte ich nicht, ebenso nicht das Wort »Verausgabung«.

Dann begann meine anstrengende Assistenzarztzeit an der Universitätsklinik des Saarlandes in Homburg. Gleichzeitig begann ich, zu habilitieren (eine Professur anstreben). Ich kann mich noch gut an diese Zeit erinnern. Sie war geprägt durch Arbeiten weit über die Belastungsgrenze hinaus. Besonders schlimm war es für mich als Arzt im Praktikum mit wenig Erfahrung nachts alleine eine Abteilung mit 90 Betten inklusive neurologischer Intensivstation und zahlreichen Notfällen zu betreuen. In dieser Zeit hatte ich oft den »kleinen Dirk im Kindergarten« vor meinen Augen.

Als meine damalige Frau dann mit unserem ersten Sohn schwanger wurde, beerdigte ich meine Pläne von einer Professur und wechselte als Oberarzt in die Neurologie des Brüderkrankenhauses in Trier. Danach arbeitete ich als Oberarzt in der Psychiatrie des Mutterhauses. Die frühe Verantwortungsübernahme für viele Patienten und die Notwendigkeit, weittragende Entscheidungen zu treffen prägten in dieser Zeit meine weitere Persönlichkeitsentwicklung.

Neben meinen beruflichen Bemühungen war ich natürlich auch im privaten Bereich auf Leistungen und Weiterkommen fixiert. Während meiner Oberarzttätigkeiten bauten wir in Mehring an der Mosel das erste Haus mit sehr viel Eigenleistung. Abends und am Wochenende arbeitete ich im Haus, legte den Garten an, am nächsten Tag ging ich ins Krankenhaus arbeiten ...

Nachdem ich mich gerade richtig eingearbeitet hatte und eigentlich zumindest das Berufliche gut lief, spürte ich jedoch in mir den Drang, etwas verändern zu müssen, etwas Neues zu machen, irgendwie noch mal ein Stück weiterzukommen. So entschloss ich mich, eine Praxis für Neurologie, Psychiatrie und Psychotherapie in Wittlich zu übernehmen.

Entsprechend meinen Vorstellungen über mich und dem, was ich zu leisten habe, lag meine Arbeitszeit zumindest zu Beginn der Praxisübernahme bei 12-14 Stunden pro Tag und rasch wuchs meine Patientenzahl. Von Anfang an bis heute war und bin ich immer noch bestrebt, eine bestmögliche Medizin zu machen und die Arbeitsabläufe ständig zu optimieren, um eine optimale Patientenversorgung zu gewährleisten.

Mit dem Umzug nach Wittlich verkauften wir unser Haus in Mehring und erwarben ein renovierungsbedürftiges zweites Haus, wo ich neben der Praxis viel Eigenleistung erbrachte – sei es nun im Haus selbst oder in dem völlig verwahrlosten Garten.

Zwischenzeitlich war auch unser zweiter Sohn geboren. Ich verbrachte gerne viel Zeit mit beiden Söhnen und wir unternahmen viele Dinge zusammen. Als emotional sehr belastend erlebte ich den Umstand, dass mein zweiter Sohn unter einem infektallergischen Asthma (starker Atemnot bei Infekten, zum Beispiel einer Erkältung) litt. Viele Male wäre er fast erstickt. Oft musste ich deswegen mit ihm notfallmäßig in Krankenhäuser. Oft waren die behandelnden Ärzte am Ende ihres Lateins. Als Konsequenz übernahm ich die

Behandlung seiner Erstickungsanfälle selbst, und dies minutiös. Sobald ich ihn husten hörte, stand ich Todesängste aus.

Über den gesamten dargestellten Zeitraum bemühte ich mich also redlich, alle an mich gestellten Aufgaben und Anforderungen zu erfüllen. Jedoch, je mehr ich kämpfte und mich verbog, umso schwieriger wurde alles.

Warum stelle ich diese Dinge so konkret im Einzelnen dar?

Das, was ich beschrieben und vor allem so erlebt hatte, hat dazu geführt, dass in mir »Meine Geschichte über mich« und wie ich bin entstanden ist. Ich habe über mich ein Konzept entwickelt, mit dem ich zunehmend verschmolzen war und an welches ich fest geglaubt hatte. Dieses Konzept lautete ungefähr so: Die Welt ist eigentlich gut, aber nicht ganz ungefährlich. Du selbst bist verletzlich. Wenn du dich aber bemühst, Leistungen erbringst und die Anforderungen, die an dich gestellt werden erfüllst und du es dabei möglichst vielen Menschen recht machst, wird dein Leben gut funktionieren.

Dies ist das, was in ACT als das »Selbst-als-Konzept« bezeichnet wird. Hierbei handelt es sich um Vorstellungen über uns, die im Laufe des Lebens durch Umstände von außen oder durch unsere innere Haltung entstanden sind, wie bereits weiter oben dargestellt. Zeitweise sind sie vielleicht sinnvoll, oft aber sind sie störend. Sie stehen im Wege, wenn es darum geht, ein flexibles Leben zu führen. Jeder Mensch hat ein Konzept von sich selbst. Es erwächst aus Überzeugungen, Vorstellungen, Gedankenmustern, Urteilen und Erinnerungen. Es formt sich daraus, wie er seine Erfahrungen verarbeitet, wie er sich selbst sieht und erlebt. Aus den eigenen Wünschen und wie sie umgesetzt werden entstehen die Selbstkonzepte. Diese sind uns oftmals nicht bewusst – und doch ist das jeweilige Handeln aus ihnen erklärbar und ableitbar. Wir definieren uns darüber, wie wir über uns denken. Diese Konzepte unseres Selbst helfen dabei, zu wissen, wer wir »sind« und helfen uns dabei, unsere Identität zu spüren. Doch allzu oft erleben wir sie als unumstößliche Wahrheiten, als Tatsachen, glauben an sie, ohne sie zu hinterfragen. Wenn wir stark an selbst konstruierten Konzepten hängen und daran festhalten, können sie uns einschränken. Sie können zu einer Art Gefängnis werden und den Weg dorthin verbauen, wohin unser Leben eigentlich führen soll.

(Selbst-als-Konzept)

Und nun komme ich zu dem zentralen Dilemma (Misslage, Zwangslage, Seelennot) meines Lebens: meine Partnerschaft und spätere Ehe.

Als junger Assistenzarzt verliebte ich mich in die zu dem damaligen Zeitpunkt sicherlich attraktivste Krankenschwester der Neurologie in Homburg. Ich ließ mich dabei völlig von meinen Gefühlen leiten und missachtete alle mit dieser Partnerschaft verbundenen Problemfelder, denn diese waren eigentlich vorhersehbar.

1.1 Erkenntnis im Zug

Gefühle sind heute so und morgen so. Sie kommen und gehen wie die Wellen des Meeres. Das Einzige, worauf man sich bei Gefühlen verlassen kann, ist, dass man sich auf nichts verlassen kann. Orientiert man sein Leben ausschließlich an seinen Gefühlen, so ist man wie eine Flasche auf hoher See. Auch kann man seine Emotionen nur schwerlich beeinflussen. Sie sind kein guter Ratgeber für wichtige Lebensentscheidungen. Besser ist es, sich an seinen Zielen und Werten zu orientieren und dann eine Wahl zu treffen, entsprechend der Funktionalität. Die Gefühle sollte man einfach da belassen, wo sie sind, ohne sie zu bewerten. Schlechte Gefühle kann man wie einen Rucksack auf seinem werteorientierten Weg mit sich führen.

(Passive Bereitschaft, Akzeptanz)

Meine Frau und ich kamen aus sehr unterschiedlichen Herkunftsfamilien. Dies führte zu unterschiedlichen Verhaltensweisen und Ansichtspunkten, die zu Beginn der Beziehung vor allem bei Familienfesten zu Tage traten. Aber ich bagatellisierte diese mit Aussagen, wie: »Man sieht sich sowieso nur wenige Male im Jahr, wie an Geburtstagen und Feiertagen.« Aber im Laufe der Zeit wurde mir klar, wie viele Geburtstage und Feiertage ein Jahr haben kann, wenn man alles zusammenrechnet. Diese Familienfeste endeten häufig in Streitereien, etwas, was ich aus meinem Vorleben nicht kannte. Vor jedem anstehenden Familienfest hatte ich schon Wochen im Voraus ein schlechtes Gefühl.

Darüber hinaus war mein Verstand permanent damit beschäftigt, diese Problemfelder zu verniedlichen (idealisieren). Er suggerierte mir Botschaften wie: »Du hast eine bodenständige Frau« und sagte mir die Zukunft voraus: »Sie wird eine gute Hausfrau und Mutter werden und wird die Familie zusammenhalten. Unterschiedliche Verhaltens- und Wahrnehmungsmuster wirst du unter Kontrolle bekommen.«

Der Verstand wird in unserer Gesellschaft sehr hoch gehalten. »Ich denke, also bin ich« (Leitsatz des Philosophen Descartes). Der Verstand sendet uns permanent Botschaften und bewertet uns, die Umgebung und unsere Vergangenheit. Er sagt uns die Zukunft voraus. Und wir glauben ihm, weil wir gelernt haben, dass der Verstand nützlich ist, Dinge in der Außenwelt zu regeln. Wenn es aber um uns geht, um unsere Innenwelt, ist der Verstand oft unser stärkster Gegner. Der Verstand produziert permanent Gedanken. Gedanken setzen sich aus Wörtern zusammen, die man gesprochen als Sprache und geschrieben als Schrift bezeichnet. Der Mensch drückt sich in und durch die Sprache aus. Sein Denken prägt die Sprache, und durch die Sprache nimmt er Einfluss auf sein Denken – und damit auch auf das Denken anderer. Mit Worten erklären und begründen wir, kategorisieren und bewerten. Wir leben in unseren Gedanken, betrachten mit und durch sie die Welt. Wir sind mit ihnen verschmolzen – identifizieren uns mit ihnen. Wir sind unsere Gedanken. In ACT heißt dieser Prozess »kognitive Fusion«. Unser Wahrnehmen, Denken und Erinnern ist mit unseren Gedanken-Konzepten verschmolzen. Dies führt oft dazu, dass Erfahrungen, die nicht zu unseren aktuellen Gedanken passen, ignoriert oder ausgeblendet werden.

(Fusion, Defusion)

In der Folge wurde ich eines Besseren belehrt. Sehr früh entwickelte meine Partnerin meinen Eltern gegenüber eine sehr ablehnende Haltung. Sie verwendete Ausdrücke, die ich zuvor nie gehört hatte. Sie war auch sehr häufig hoch emotional. Sie schrie mich an, was ich aus meinem Zusammenleben mit meinen Eltern nicht kannte und nicht in mein »Heile-Welt-Schema« passte. Darüber hinaus wurde ihr Verhalten mir gegenüber immer einnehmender. Es fielen Worte wie: »Du gehörst mir, ich bin jetzt deine Familie«. Dies fiel mir umso schwerer anzunehmen, da ich ja in einer Großfamilie aufgewachsen bin.

Es gesellten sich aber immer weitere Probleme dazu. Am Anfang hatte ich meine Partnerin eher ruhig, zurückhaltend und leise wahrgenommen. Ich hatte die Vision von ihr als eine Art »feiner Mensch«.

… ich mache mir die Welt, wiede wiede wie sie mir gefällt …

(Auszug aus einem Lied von Pippi Langstrumpf)

1.1 Erkenntnis im Zug

Unser Verstand konstruiert uns immer mal wieder Geschichten, die wir ihm glauben, abkaufen und mit welchen wir verschmolzen sind. Dabei verschließen wir die Augen vor der Realität und Gegenwart, die uns eigentlich etwas ganz anderes zeigt.

(Fusion, Defusion)

Je länger meine Partnerin mit mir zusammen war, umso mehr veränderte sich ihr Verhalten. Sie wurde zunehmend dominanter und ich hatte den Eindruck, dass sie sich über mich stellen wollte.

Dies führte zu mehreren Trennungen bereits vorehelicherseits. Als sie mir mitteilte, dass sie schwanger war, beschlossen wir, zu heiraten. Noch heute kann ich mich an den Tag erinnern, an dem wir meine Eltern eingeladen hatten, um ihnen diese Botschaft zu übermitteln. Hierzu pflückte ich in einer Wiese einen Blumenstrauß. Während ich das tat, kam ein schlechtes Gefühl über mich wie ein schwarzes Tuch, wie ein dunkler Schatten mit bösen Vorahnungen.

Hier wäre es sicherlich nützlich gewesen, mich mit meinem Verstand auseinanderzusetzen und von außen auf die aktuelle Situation zu schauen.

Fahrrad der Sprache
Oder: Lenken und treten, wie es erforderlich ist

Mit den Gedanken verschmolzen sein (Fusion) oder die Gedanken zu entschärfen (Defusion) werden immer umeinander kreisen.
Zeitweise ist Fusion hilfreich,
zeitweise ist sie zumindest nicht schädlich,
zeitweise höchst schädlich.
Wahrscheinlich geht es darum,
auf einem Fahrrad der Sprache zu fahren,
immer bedroht davon, aus der Balance zu fallen,
jedoch rechtzeitig immer wieder korrigierend,
um eine Bauchlandung zu vermeiden –
und währenddessen sich vorwärts zu bewegen.

(Nach Vuille 2007)

Mit der Ehe und über die nächsten Jahre verschlimmerte sich alles. Es gab zunehmende Konflikte, wenn wir meine Eltern besuchten oder diese zu uns bei Besuch waren. Für meine Frau wurden meine Eltern Feindbild Nummer eins. Bei den meisten Treffen gab es oft Streitereien, die dann immer so endeten, dass entweder wir oder meine Eltern oft auch in der Nacht bei gemeinsamen Besuchen plötzlich abreisten. Während meine Frau am nächsten Tag alles abschüttelte wie einen Mantel, hatte ich über viele Tage hinweg ein unbeschreiblich schlechtes Gefühl.

Andererseits beschwerten sich natürlich auch meine Eltern über die aktuelle Situation. Meist traurig sagten sie mir am Telefon, dass sie sich für sich und ihren Sohn ein anderes Leben gewünscht hätten. Ich saß zwischen allen Stühlen und wusste nicht, wem ich etwas recht machen sollte. Ich führte unzählige Gespräche und initiierte Versöhnungsversuche, alles ohne Erfolg.

Das Ablassen und Loslassen von Kämpfen, die nicht zu gewinnen sind, spiegelt sich gut in folgender Metapher wieder:

Tauziehen mit einem Monster

Ein Mensch steht vor einem Abgrund. Auf der anderen Seite steht ein Monster. Beide halten ein Seil in den Händen. Das Monster zieht am Seil und versucht, den Mensch in den Abgrund zu ziehen. Dieser jedoch hält krampfhaft an dem Seil fest. Je mehr er versucht, zu ziehen, umso heftiger zieht das Monster, das viel stärker ist. Der Mensch nähert sich zunehmend dem Abgrund. Er könnte der Situation nur entgehen, wenn er das Seil loslässt. Diese Geschichte soll verdeutlichen, wie fruchtlose Kämpfe aufgegeben werden können. Die Möglichkeit, das Feld zu verlassen, stellt oftmals eine nützliche und intelligentere Lösung dar.

(Passive Bereitschaft, Akzeptanz, kreative Hoffnungslosigkeit)

Auch die Beziehung zwischen uns wurde immer schwieriger. Ich erlebte meine Frau als zunehmend emotional instabil und unberechenbar. Während sie in dem einen Augenblick noch nett und freundlich war, war sie im nächsten Augenblick aufbrausend, laut und beleidigend. So etwas wie ein Beziehungskonto war mit ihr nicht aufbaubar. Hierunter versteht man den Umstand, dass man, wenn man seinem Partner über einen längeren Zeitraum Gutes tut, dieser über kleine Fehler hinwegsieht. Ich versuchte über alle möglichen Wege ein solches Beziehungskonto herzustellen, sei es über aufwändige Urlaube oder aufwändige Geschenke. Unmöglich. Ihr Verhalten mir gegenüber wurde immer abwertender, auch in der Öffentlichkeit.

Die permanenten Streitereien zu Hause belasteten auch zunehmend unsere Kinder.

Zusätzlich gerieten wir, möglicherweise um unsere Probleme zu überdecken, in eine zunehmende finanzielle Schräglage: Aufwändiger Haushalt, teure Urlaube, Markenkleider, Gärtner, Fensterputzer und Putzfrau, um nur einige Punkte zu nennen. Nach meinem Empfinden hatten wir zu diesem Zeitpunkt jede Bodenhaftung verloren.

Rückblickend war alles irgendwie überwiegend anstrengend, wenngleich es natürlich auch schöne Momente gab. Diese waren jedoch zahlenmäßig in der Minderheit, wurden immer seltener und bei weitem durch unschöne Begebenheiten überdeckt. Stets befand ich mich im Kampfmodus, mein Verstand gab mir Durchhalteparolen vor, wie: »Du schaffst das schon, wenn du dich noch mehr bemühst.« Auch prüfte ich mein Leben nicht mehr auf die »Funktionalität« und achtete nicht auf meine »Erfahrungen«, die ich bereits gemacht hatte, sondern hörte nur auf meinen Verstand, mit dem ich völlig verschmolzen war. Ich kaufte mir selbst jeden noch so absurden Gedanken ab. Wenn mir ein Gedanke durch den Kopf geschossen ist, was ich zu tun habe, tat ich es und wenn mir mein Verstand gesagt hat, was sinnvoll oder sinnlos ist, glaubte ich ihm. Ich stellte ihn und seine Parolen nie infrage. Auch glaubte ich blind alle Bewertungen über die Vergangenheit und alle Voraussagen über die Zukunft, weil sie nur allzu plausibel klangen. Ich »hing an der Kette des Verstandes«.

Hier seien noch in Anlehnung an das bereits Dargestellte ein paar Anmerkungen über den Verstand gemacht. Aus meiner obigen Beschreibung wird ersichtlich, wie wir mit unserem Verstand verschmolzen sind und jedes Wort für bare Münze nehmen. Fast immer sind wir mit unseren Bewertungen verschmolzen. Vielleicht wäre es besser zu sagen: Wir denken, fühlen, erinnern und handeln verschmolzen mit unseren Bewertungen. Am ehesten verschmelzen wir mit den Wortpaaren gut/schlecht, richtig/falsch, fair/unfair, unschuldig/schuldig. Halten wir unsere Bewertung für wahr, verwandelt sie sich: Aus Bewertung wird subjektive Wahrheit. Um dies zu untergraben, wird in ACT das Wort Verstand durch andere Wörter ersetzt wie »Denkmaschine« oder »O-je-mi-ne-Radio«. Das Wort »Denkmaschine« symbolisiert, dass uns der

Verstand permanente Botschaften produziert. Das Wort »O-je-mi-ne-Radio« bedeutet, dass der Verstand wie ein Radio permanent am Laufen ist. Der Teil »O-je-mi-ne« bedeutet, dass die meisten Botschaften unseres Verstandes eher negativ und warnend sind, was unsere eigene Person anbelangt. Was die Umgebung anbelangt, ist unsere Denkmaschine Weltmeister im Beschreiben, Vergleichen und Bewerten. Und das Schlimme ist, dass dieses Radio über keinen »Aus-Schalter« verfügt. Es kann lediglich lauter oder leiser gedreht werden. Letzteres ist eine Fähigkeit, die man erlernen kann und als Entschärfung oder Defusion bezeichnet.

(Fusion, Defusion)

In den Jahren 2007/2008 bemerkte ich, dass es mir immer schlechter ging. Ich wurde zunehmend erschöpft, alle Tätigkeiten fielen mir schwer. Nichts machte mir mehr Freude. Ich versuchte darüber hinaus, alles unter »Kontrolle« zu haben oder zu bekommen: meine Arbeit, meine Familie und vor allem meine Gefühle. Vor allem, um meine negativen Gefühle kontrollieren zu können oder diese zumindest für einen gewissen Zeitraum auszuschalten, habe ich sogar begonnen, jeden Abend Alkohol zu trinken, ein Verhalten, das mich beunruhigte, weil es mehr war als das übliche Feierabendbier. Das machte nichts besser, sondern alles nur schlechter. Am nächsten Tag fühlte ich mich noch weniger gut und erschöpfter, so dass mir alles noch schwerer fiel. Mir wurde auch klar, dass es sich bei diesem Trinken um einen Versuch der Erlebnisvermeidung handelte. Dies bedeutete, nicht die Akzeptanz dafür zu haben, dass die aktuelle Situation für mich einfach unaushaltbar war. Diese Erkenntnis wäre aber die Voraussetzung dafür, in aktive Handlungen im Sinne einer Veränderung zu treten.

Kontrolle ist der Gegenspieler der Akzeptanz. Aber: Lebendiges lässt sich nicht einzähmen. Kontrolle beschreibt den Versuch, unsere Welt nach unseren Wünschen und Zielen zu gestalten. In der Tat gelingt ein kontrollierend-zupackendes Verhalten in der Außenwelt recht gut. Die Innenwelt der Gedanken und Gefühle lässt sich leider auf diese Weise nicht entscheidend beeinflussen. Dennoch versuchen wir permanent, unerwünschte Gedanken und Gefühle in den Griff zu bekommen und müssen jedoch feststellen, dass dies wenig bis unzureichend funktioniert. Vielmehr kostet dies Energie und führt zu einer

Verfestigung der Situation. Statt die Strategie zu wechseln, wenden wir auch für unsere innere Welt das Prinzip an, mit dem wir in der Außenwelt meist erfolgreich sind: Wir verstärken unsere Anstrengungen und Bemühungen. Es sind vor allen Dingen ungewollte Gedanken, Erinnerungen, Gefühle und Empfindungen entweder über das Hier und Jetzt oder über die Vergangenheit, die als störend erlebt werden und es gilt, diese möglichst schnell loszuwerden. Dieses funktioniert genauso schlecht wie der Befehl: »Denke nicht an einen rosa Elefanten«. Genau das, was wir nicht haben wollen, bekommen wir. Hinzu kommt das Problem, dass in unserer Gesellschaft die Vorstellung vorherrscht, der gesunde Mensch sei in der Lage, negative Gedanken und Gefühle zu steuern und auszulöschen. Die Erwachsenen lehren uns das bereits in der Kindheit mit Sätzen wie: »Du brauchst doch nicht zu weinen« oder: »Ein Indianer kennt keinen Schmerz«. Als ob die Erwachsenen zu entscheiden hätten, ob ein Kind wegen etwas zu weinen hat oder nicht. Welcher Erwachsene ist darüber hinaus jemals schon einmal einem Indianer begegnet, und wenn das jemals der Fall war, wer hat diesen Indianer gefragt, ob er tatsächlich keinen Schmerz kenne? Aber die Erwachsenen vermitteln Kindern, alle Situationen und Gefühle im Griff zu haben. In ACT spricht man von der »Kontrollagenda«. Gemeint sind alle Versuche und Bestrebungen, unsere Gefühle und Gedanken unter Kontrolle zu bekommen. Dies mag zwar kurzfristig gelingen, häufig ist es aber so, dass verdrängte Inhalte noch stärker hervortreten als zuvor. Viele von uns kennen den Jo-Jo-Effekt beim Versuch, abzunehmen, was in etwa vergleichbar ist. Besser als der permanente Versuch, Gefühle zu kontrollieren, ist es, diese anzunehmen und zu akzeptieren als das, was sie sind, nämlich verschiedene Sinneszustände in unserem Leben. Dies führt weg von der Kontrolle hin zu dem Begriff der Akzeptanz.

(Kontrolle, passive Bereitschaft, Akzeptanz)

Ich saß nun sprichwörtlich in dem zu Beginn des Buches dargestellten Loch (Metapher Mensch im Loch).

Diese Zusammenhänge konnte ich erst durch das Kennenlernen von ACT durchschauen. Meine aktuelle Situation und die dahinter liegende Problematik wurde mir genau in diesem Augenblick – im Zug von Berlin nach Wittlich – vollends bewusst. In dem Moment, als es draußen langsam dunkel wurde, wurde mir klar, dass ich mich in einem Zustand befand, den man in ACT als »kreative Hoffnungslosigkeit« bezeichnet.

1.1 Erkenntnis im Zug

Kreative Hoffnungslosigkeit ist ein Unterpunkt des Themas Akzeptanz.

Das Wort »Hoffnungslosigkeit« bedeutet keineswegs, dass die aktuelle Situation oder gar die Zukunft hoffnungslos sind. Das Wort Hoffnungslosigkeit bezieht sich auf die Vergangenheit. Gemeint sind hier alle Bemühungen, die unternommen worden sind, um etwas zu verändern und die nicht funktioniert haben.

Das Wort »kreativ« soll dazu ermutigen, alte Verhaltensweisen und Erlebnismuster, die nicht funktioniert haben, beiseite zu legen und offen zu sein für neue Wege. Oft ist es notwendig, erst einmal in eine Krise zu verfallen, über das bisherige Leben nachzudenken und zu erkennen, was alles nicht funktioniert hat. Eine Krise gut zu bewältigen heißt aber nicht, das alte Leben wiederzuerlangen, sondern bedeutet, ein neues, besser funktionierendes Leben in Angriff zu nehmen.

Humor ist dabei durchaus hilfreich. Ich möchte hier einen Ausspruch des Psychotherapeuten Paul Watzlawick zitieren: »Ihre Lage ist hoffnungslos, aber nicht ernst.«

(Passive Bereitschaft, Akzeptanz)

Erneut begann ich nun zu überlegen, was ich alles unternommen hatte, um aus diesem Loch herauszukommen, und um mein Leben wieder »unter Kontrolle« zu bekommen! Insbesondere meine negativen Gefühle hatte ich ständig im Zaum zu halten versucht, damit sie mich nicht weiter quälten, aber vor allem sollten die Menschen in meiner Umgebung davon nichts mitbekommen. Mein Verstand, oder besser gesagt, meine Denkmaschine, flüsterte mir Dinge zu, wie: »Das wäre ja noch schöner, wenn du als Psychiater dein Leben nicht in den Griff bekommen würdest. Überlege mal, was die anderen dazu sagen werden. Du musst dich einfach mehr bemühen und mehr kämpfen, dann wird es schon klappen.«

Bei diesen Gedanken musste ich im Zug an eine Geschichte denken, die ich noch vor wenigen Stunden in dem Einführungsseminar erstmals gehört hatte, nämlich an die Geschichte »vom sauberen und dreckigen Leid«.

Metapher vom sauberen und dreckigen Leid:

Das saubere Leid ist der Preis dafür, dass wir leben. Jeder ist davon betroffen. Kein Mensch und kein Therapeut kann dieses Leid minimieren. Dreckiges Leid entsteht dadurch, dass man nicht bereit ist, das saubere Leid zu akzeptieren. Man könnte auch sagen: Sauberes Leid ist Leid erster Ordnung, dreckiges Leid ist Leid zweiter oder dritter Ordnung.

(Passive Bereitschaft, Akzeptanz)

Was bedeuteten all diese Erkenntnisse für meine jetzige Situation? Ich hatte alles in meiner Macht Stehende versucht, meine Ehe zu retten, auch, damit sich das Riesenrad Praxis/Familie weiter wie gewohnt drehen konnte. Um dies zu erreichen, hatte ich Methoden angewandt, die jedoch meine Situation nur verschlechterten. Nun saß ich im Loch und musste mir eingestehen, dass alles, was ich getan hatte, nicht zielführend war. Ich befand mich im Zustand der kreativen Hoffnungslosigkeit und musste erkennen, dass ich Leid zweiter, dritter und weiterer Ordnungen produziert hatte.

Die Lösung lag also auf der Hand. Ich musste bereit sein, mir einzugestehen, dass ich so nicht mehr weiterkam.

Nachdem ich zu Hause angekommen war, machte ich erst einmal einige Wochen so weiter wie vorher. Ich musste mich einfach noch einmal davon überzeugen, dass meine Erkenntnisse, die ich durch das Kennenlernen von ACT erworben hatte und meine Gedanken, die ich mir während der Zugfahrt über mein bisheriges Leben und die aktuelle Lebenssituation gemacht hatte, auch tatsächlich zutrafen.

Neben den bereits geschilderten frustranen Bemühungen, meine ungünstigen äußeren und inneren Bedingungen zu kontrollieren inklusive der hiermit verbundenen negativen Folgen, fiel mir vor allem in dem wieder eingetretenen Alltag auf, dass ich eigentlich gar nicht mehr in der Lage war, für mich noch sinnvolle Ziele in meinem Leben zu formulieren.

1.1 Erkenntnis im Zug

Daher setzte ich mich einmal abends nach der Sprechstunde an meinen Schreibtisch und nahm ein Blatt Papier zur Hand. Ich begann eine Liste darüber anzufertigen, welche Werte ich in meinem Leben für wichtig hielt und überlegte, inwieweit ich aktuell noch in Einklang mit diesen Werten lebte.

Werte werden in ACT als selbst gewählte Orientierungen bezeichnet. Sie werden von jedem Menschen frei bestimmt. Das ist wichtig. Sie sind individuell und entsprechen oft nicht dem Allgemeingut der Gesellschaft. Sie können zwar umgesetzt, jedoch nie erreicht werden. Sie geben zwar die Richtung an, »man kommt aber nie an«. Sie bleiben quasi eine konstante Ausrichtung, eine Orientierung. Werte sind wie Sterne oder Leuchttürme. Sie sind hell, man kann sich in ihre Richtung bewegen, sie jedoch nie erreichen. Wenn wir unserem Leben einen gewissen Sinn verleihen und nicht einfach nur so dahinleben wollen, ist es notwendig, bestimmte Werte vor Augen zu haben. Jeder Mensch kann für sein Leben verschiedene Wertebereiche nennen wie: Partnerschaft, Verhältnis zu den Kindern, Verhältnis zu den Eltern, Beruf und Karriere, Gesundheit, Freizeit, Sozialkontakte und Engagement in der Gesellschaft, Religion und Spiritualität und Kontakte zu Freunden. Diese können hierarchisch geordnet werden. Dann kann eine Skala hergestellt werden, zum Beispiel von 0-10, die beschreibt, wie wichtig einem ein Wert ist oder aber wie nah man diesem Wert gekommen ist. Werte dienen also der Richtung und dem sich Ausrichten. Haben wir eine Richtung, können wir losdenken, losplanen, losgehen. Wir können aktiv werden und handeln. Und in ACT wollen wir handeln, was im Englischen »act« bedeutet. Wertevorstellungen werden in diesem Zusammenhang als sinngebend und vitalisierend erlebt. Werte basieren vor allem auf Erziehung und gesellschaftlichen Konventionen. Um davon aber unabhängig zu werden, reden wir in ACT von selbst gewählten Lebensorientierungen. Werte sollen keine Kopfsache sondern eine Herzenssache sein. Sie stellen quasi den Kompass in unserem Leben dar. Wie bereits dargestellt, können Werte nicht erreicht bzw. final umgesetzt werden. Sie geben lediglich eine Orientierungshilfe, zeigen die Richtung an. Ziele hingegen sind erreichbar. Ziele beschreiben – am besten ganz konkret – die von uns festgelegten Etappen, die wir erreichen wollen. Ein Wert wäre zum Beispiel: »Ich gehe nach Süden«. Ein Ziel, das ich erreichen kann und im Dienste des Wertes steht, wäre: »Ich gehe über München«. Damit man ein Ziel erreichen kann, geht es darum, angemessen dorthin zu kommen. Manchmal sind kleine, manchmal große Schritte gefragt. Wenn man feststellt, dass die selbst vorgegebene Latte zu hochhängt, setzt man sie einfach tiefer. Wichtig ist, in Bewegung zu bleiben und zu wissen, wo's lang geht.

(Werte und Ziele)

So schrieb ich also meine wichtigsten Werte untereinander. Ich fügte die Ziffern »0-10« dahinter, um mir darüber klar zu werden, wie nah ich meinem jeweiligen Wert war. Die Ziffer »0« bedeutet gar nicht, die Ziffer »10« komplett.

Partnerschaft:	1 Punkt
Verhältnis zu meinen Kindern:	9 Punkte
Verhältnis zu meinen Eltern:	9 Punkte
Beruf und Karriere:	6 Punkte
Gesundheit:	3 Punkte
Freizeit:	3 Punkte
Sozialkontakt und Engagement in der Gesellschaft:	3 Punkte
Religion und Spiritualität:	5 Punkte
Kontakt zu Freunden:	3 Punkte

Ich hatte an diesem Arbeitstag mit so manchem Patienten diese Übung durchgeführt. Was mich ein wenig überraschte, war die Tatsache, dass ich selbst das schlechteste Ergebnis erzielte.

Nun formulierte ich, auf einem weiteren Blatt, mögliche Ziele, die mich näher an den Punktwert 10 bringen könnten. Dies gelang mir zwar für einige Unterpunkte, aber für den ersten Aspekt, nämlich Partnerschaft und Ehe, konnte ich kein einziges Ziel formulieren. Auch wurde mir klar, dass die schlechten Punktwerte in den anderen Bereichen eng mit diesem sehr schlechten Wert in meiner Partnerschaft in Verbindung standen.

Wenn ich all das, was ich bisher gesagt oder geschrieben hatte, zusammenfasste, kam ich zu folgendem Schluss:

Ich saß in einem Loch und all meine Versuche herauszukommen hatten mich noch tiefer hineingezogen. Je mehr ich nach Kontrolle strebte und versuchte, meine schlechten Gefühle zu beseitigen, umso schlechter war es um mich bestellt. Meine Strategien, die ich bisher anwandte, hatten sich als nicht erfolgreich erwiesen, obwohl mir mein Verstand immer wieder neue Strategien angeboten hatte. Es war mir zunehmend schwerer gefallen, zu beurteilen, was gut oder schlecht, richtig oder falsch war. Ich hatte die Richtung verloren. In fast allen wichtigen Lebensbereichen war ich meinen Werten so fern wie noch nie. Das zentrale Dilemma hierfür war meine unglückliche Ehe.

Ich musste zugeben, dass es erst einmal verdammt schwer war, sich dies einzugestehen.

Jetzt also war ich so weit. Ich gestand mir ein, dass ich nicht mehr in der Lage und willens war, mein Leben in dieser Form und vor allem mit dieser Frau fortzuführen. Dieser erste Schritt der Akzeptanz war die Voraussetzung dafür, jetzt notwendige Veränderungen in die Wege zu leiten.

Erwartungsgemäß begann mir dann mein Verstand, meine Denkmaschine, Steine in den Weg zu werfen. Er plapperte vor sich hin und sagte mir Dinge wie:

... Das alles wird in einer Katastrophe enden ... Du wirst finanziell ruiniert sein ... In deine Praxis werden keine Patienten mehr kommen ... Deine Kinder werden dir Vorwürfe machen ... Du wirst den Kontakt zu deinen Kindern verlieren ... Am Ende wirst du unter der Brücke landen ... Bleibe besser bei dem, was du hast, da weißt du wenigstens, woran du bist ... Es wird schon alles gut werden ...

Um aus diesem Dilemma herauszukommen, musste ich Techniken anwenden, die meinem Verstand die Macht über mich nehmen würden.

Dies heißt in ACT: Entschärfung (Defusion).

Defusion – Entschärfung der Gedanken

Jeder Gedanke, den wir sprechen oder denken, ist in der Regel mit weiteren Gedanken, Gefühlen, Bildern, Erfahrungen oder Handlungsimpulsen verknüpft. Dies nennt man in ACT Fusion, Verschmelzung. Diese gedanklichen Vernetzungen erleben wir in der Regel als Realität und unumstößliche Tatsachen. Wir leben in unseren Gedanken. Defusion, Entschmelzung, bezeichnet das bewusste Wahrnehmen dieser automatisch ablaufenden Prozesse. In erster Linie geht es nicht darum, die Gedanken zu verändern, sondern sich ihrer Vernetzungen bewusst zu sein. Wir sollen lernen, in Abstand zu ihnen zu kommen, sie zu entschärfen, auf sie draufzuschauen. Dies ist vor allem vor dem Hintergrund wichtig, dass unsere Sprache angefüllt ist mit »Pseudo-Fakten (Als-ob-Wahrheiten)«. Interpretierende und bewertende Sinneseindrücke stellen wir häufig als unreflektierte Wahrheiten dar. Wir sagen zum Beispiel: »Das ist hässlich«. Dieses subjektive Wort hässlich verwenden wir genauso wie objektive Wörter »schwarz oder weiß«. Besser wäre zu sagen: »Ich bin der Meinung, dass das hässlich ist«. Sprache führt oft zu Handlungen. Unsere Handlungen sind häufig bestimmt durch Regeln, welche fest zum Leben gehören. Mit diesen Regeln sind wir häufig verschmolzen, wie mit der Sprache. Dabei vergessen wir, dass wir immer die Möglichkeit einer Wahl haben. Wir können die Regeln befolgen, wir müssen aber nicht. Um dies zu erleichtern, ist es hilfreich, die Position des Beobachters einzunehmen, quasi einen inneren Abstand zu kultivieren. Dieser Standpunkt wird in ACT als »Beobachter-Selbst« bezeichnet. Die Perspektive des Zuschauers und Abstand zu den Gedanken und zu dem Erlebten ermöglicht uns, wieder Übersicht zu gewinnen. Dieser Standpunkt führt zu Erkenntnissen wie: »Ich habe einen Gedanken, ich bin aber nicht mein Gedanke.«, »Ich bin das Fußballstadion, die Gedanken die Spieler.« Ziel der Defusion ist es also, dass wir Gedanken nicht mehr als unumstößliche Wahrheiten, als unveränderbare Tatsachen ansehen, sondern als das, was sie sind: nur Gedanken.

(Abstand zu den Gedanken, Defusion)

1.2 Die Lebenswende

Nachdem es mir nun gelungen war, meinen Verstand zu bändigen, der versuchte, mich von meinem Vorhaben abzubringen, ging es darum, zur Tat zu schreiten.

Der hierzu notwendige und erste Schritt war, einen Anwalt zu konsultieren.

Neben der passiven Bereitschaft bzw. Akzeptanz, die damit verbundenen negativen Gefühle in Kauf zu nehmen, musste ich eine aktive Haltung einnehmen. Ich musste den unbedingten Willen entwickeln, mein Vorhaben jetzt auch umzusetzen. Dies nennt man in ACT die aktive Bereitschaft oder auch Commitment.

Aktive Bereitschaft (Commitment)

Commitment bedeutet die selbst auferlegte Verpflichtung, sich nach eigenen Zielen und Wertvorstellungen auszurichten. Es findet seinen Ausdruck in engagiertem Handeln. Eine mit sich selbst getroffene Vereinbarung sollte nach Möglichkeit eingehalten werden, erlaubt jedoch auch Ausnahmen. Wenn die Umsetzung auch unbequem ist oder negative Gefühle nach sich zieht, müssen wir die passive Bereitschaft aktivieren (Akzeptanz), und diese in Kauf nehmen. Wenn wir dann an der Umsetzung festhalten, spüren wir Zufriedenheit – trotz aller Widerstände den richtigen Weg zu gehen. Auf diesem Weg erleben wir häufig Befindlichkeiten oder Zustände wie: »Keine Lust, keine Zeit, wie soll ich das machen ...« Oftmals, aber nicht immer sind dies nur Ausreden. Die wirklich bedeutende Frage ist: »Wie wichtig ist mir die Angelegenheit? Was bin ich bereit, dafür zu tun? Kann ich trotz aller Widerstände ein inneres Bedürfnis für mein angestrebtes Ziel erspüren? Aktive Bereitschaft oder auch »Commitment« genannt wird einfacher, wenn man sich ein möglichst klares Bild von dem Ziel macht (wie bereits dargestellt). Das Wahrnehmen eventueller Vorfreude auch unter erschwerten Bedingungen kann eine wirkungsvolle Motivationshilfe darstellen. Aktive und passive Bereitschaft stehen fast immer miteinander in Verbindung. Hilfen hierbei können die beiden Anweisungen sein: Aus dem »aber« ein »und« und aus dem »obwohl« ein »mit« machen. Viele Sätze beginnen oder beinhalten die Wörter »aber« und »obwohl«. Beide sind ausschließend und verhindern aktive und passive Bereitschaft. Statt zu sagen: »Ich würde gerne laufen, aber ich bin zu dick« könnte man sagen: »Ich bin zu dick und laufe.« Wir sollten von dem »Problem-weg-haben-Modus« in den »Mit-dem-Problem-Leben-Modus« nach ACT gelangen. Beim aktiven Handeln schwingt auch immer das Problem des Scheiterns und der Enttäuschung mit. Wir sind nicht gerne enttäuscht. Im wörtlichen Sinne heißt aber Ent-Täuschung Klarheit. Wir sollten dies nutzen. Wenn wir ein gesetztes Ziel nicht erreichen, sollten wir nicht frustriert sein, sondern aus der Ent-Täuschung lernen. »Hundertmal versucht, hundertmal gescheitert, macht nichts, scheitere noch mal, scheitere besser«. Vielleicht haben wir bei dem letzten Versuch die Ansprüche an uns zu hochgesetzt.

(Aktive Bereitschaft, Commitment)

1.2 Die Lebenswende

Nun saß ich also vor meinem Anwalt, nachdem ich die entsprechende Bereitschaft (Commitment) entwickelt hatte und mir meiner Sache sicher war. Ich kann mich noch gut daran erinnern, wie das war, als ich vor ihm gesessen und ihm mein Leben erzählt habe, meine aktuelle Situation und mein Vorhaben, mich scheiden zu lassen. Wie ich mit ihm zusammen den ersten Brief an meine Noch-Ehefrau entworfen habe, nämlich den Scheidungsantrag. Damit dies überhaupt möglich war, musste ich in diesem Augenblick meine ganze Agenda anwenden, die ich bisher gelernt und in den vorangegangenen Abschnitten beschrieben habe.

Mein Anwalt bot mir zunächst einen Cognac an. Sofort war ich geneigt, diesen anzunehmen, um Kontrolle über meine negativen Gefühle zu erlangen. Andererseits wollte ich bereit sein für diesen wichtigen Schritt, also lehnte ich ab. Während ich versuchte, mit dem Anwalt den Scheidungsantrag zu besprechen, plapperte meine Denkmaschine ununterbrochen dazwischen. Fast schon hatte sie mich so weit, das Gespräch wieder abzubrechen und mein Vorhaben zu begraben, mich weg von meinem neuen Ziel zu führen. Da wusste ich, was ich jetzt hochhalten musste, nämlich die aktive Bereitschaft, diesen neuen Weg wirklich und wahrhaftig zu gehen. Damit mir das auch gelang, habe ich weniger versucht, meine Gedanken zu entschärfen (hierzu hatte ich in der Aufregung nicht die Kraft), sondern ich habe eine andere Technik angewandt, über die ich bisher noch nicht gesprochen habe. Ich habe meine Achtsamkeit erhöht und war mit meiner Aufmerksamkeit genau bei dem, was ich gerade machte, beziehungsweise genau in der Situation, in der ich mich gerade befand. Ich wendete mein Gewahrsam weg von dem »Denkenden-Ich« hin zu dem »Fühlenden-Ich«, dem »Beobachter-Ich«, was man in ACT als Achtsamkeit bezeichnet.

Achtsamkeit im Hier und Heute: »Beobachter-Ich«

Achtsamkeit beschreibt die Fähigkeit, die Gegenwart bewusst zu erleben. Mit allen unseren Sinnen sollen wir die Innenwelt als auch die Außenwelt erleben. Mit der achtsamen Beobachtung und dem hiermit verbundenen Aufnehmen der aktuellen Situation einerseits und dem Gewahrwerden eigener Bewertungsvorgänge andererseits üben wir uns in Offenheit und akzeptierender Annahme. Die Vergangenheit ist vorüber, die Zukunft noch nicht hier, das Einzige, was zählt, ist der gegenwärtige Augenblick. Achtsamkeit in ACT verbindet verschiedene Wirkansätze: Die Gegenwärtigkeit des Augenblickes, die Akzeptanz des Unveränderbaren, die Defusion im Sinne der Abwendung von dem »Denkenden-Ich« und die Hinwendung zu dem »Beobachtenden Ich«. Gemeint ist, einfach wahrzunehmen und zu erleben, was man gerade sieht und fühlt ohne zu bewerten. Achtsamkeit bedeutet also, die Aufmerksamkeit auf genau das zu lenken, was man gerade tut. Es geht um das Fokussieren auf den gegenwärtigen Augenblick und darum, Gedanken, die uns bei diesem Vorgang behindern, zu entschärfen (Defusion). Diesen Vorgang bezeichnet man in ACT als die Hinwendung zum »Beobachter-Ich« und die Abwendung vom »Denkenden-Ich (Verstand)«.

Also habe ich, als ich vor meinem Anwalt saß, meinen Verstand im Hintergrund einfach plappern lassen und habe meine gesamte Aufmerksamkeit auf den aktuellen Augenblick und das Gespräch gelenkt. Ich versuchte, mit all meinen Sinnen die aktuelle Situation wahrzunehmen (das Büro, den Anwalt und das, was er sagte). Mit dieser inneren Haltung gelang es mir, mich zu sammeln, ein konstruktives Gespräch zu führen und letzten Endes den ersten Schritt auf dem vor mir liegenden Weg zu gehen.

Nach diesem Gespräch beim Anwalt ging die Reise los. Es galt, meiner Noch-Ehefrau mitzuteilen, dass ich ausziehen würde mit dem Ziel, mich scheiden zu lassen, und dasselbe auch meinen Kindern zu erklären. Und es galt auch, immer wieder die Akzeptanz aufrechtzuerhalten, alle negativen Gefühle wie Schuld, Zweifel, Angst und Unklarheit bezüglich der Zukunft mitzuführen. Es ging darum, einen Zustand der inneren Bereitschaft aufrechtzuerhalten, diese negativen Gefühle zu haben, ihnen Platz zu geben und zu sagen: »Ja, das ist der Preis der Veränderung.« Es ging auch darum, die aktive Bereitschaft aufrechtzuerhalten, diesen Plan in die Tat umzusetzen und meinem Verstand die Macht über mich zu nehmen, wenn er versucht hat, mir Botschaften zu senden, die mich von meinem neuen Weg abbringen sollten.

Mit dieser inneren Einstellung war es mir dann gelungen, meinen Plan tatsächlich in die Tat umzusetzen. Das Schwierigste, zumindest aus meiner damaligen Sicht, war es, das Leid meiner Kinder möglichst gering zu halten, ihnen meine Entscheidung und meine Handlungen verständlich zu machen und den Kontakt zu ihnen nicht zu verlieren. Um diesen »Wert zu bedienen«, wählte ich als Ziel, meine Kinder möglichst in alle Entscheidungen mit einzubinden. So durften sie die möblierte Wohnung aussuchen, in die ich

einzog. Sie hatten sich für eine Wohnung an der Mosel entschieden, in dem Örtchen Reil. Ich kann mich noch an ihre Worte erinnern: »Papa, das hier ist ja wie Urlaub.« Das machte mir meine Entscheidung wesentlich leichter. Ich zog in der Weihnachtszeit um. Zusammen haben wir einen Weihnachtsbaum gekauft, ihn in meine neue Wohnung gestellt und zusammen geschmückt. Auch dies verstärkte meinen Eindruck, in die richtige Richtung unterwegs zu sein.

Aber es gab auch Momente, in denen ich versucht war, mit mir und meinem Schicksal zu hadern. Dies war immer dann der Fall, wenn ich zu sehr auf meinen Verstand hörte, mit dessen Botschaften verschmolzen war, und mein Bereitschaftspegel für die Annahme der aktuellen Situation sank.

Mein Verstand sandte mir dann Botschaften wie: »Das ist alles ganz schön schwierig … du ziehst aus deinem schönen großen Haus in eine möblierte Ferienwohnung … deine Wäsche wird jetzt gewaschen von einer Frau, die du nicht kennst … du musst jeden Abend alleine essen gehen, da du ja nicht kochen kannst … du hast jetzt keine Geborgenheit mehr … du siehst deine Kinder nur an den Wochenenden … es wird ganz schön schwierig werden, diese mit ihnen zu verbringen, da das gewohnte Umfeld mit Spielen, Playstation nicht mehr vorhanden ist …

Einiges hiervon stimmte rein formal. Aber der Verstand hatte immer eine bewertende statt eine beschreibende Haltung. Immer wieder liefen im Hintergrund die Gedanken- und Gefühlspaare wie »richtig/falsch«, »gut/schlecht« oder »gerecht/ungerecht«. »Gut« war das Haus, in dem ich gewohnt hatte, »schlecht« war die neue möblierte Mietwohnung, »richtig« war es, in dem alten Familienkonzept zu leben, »falsch« war es, einen neuen Weg zu gehen, »gerecht« war es, als Vater den Kindern immer zur Verfügung zu stehen, »ungerecht« war es, zu gehen und die Kinder nur noch an den Wochenenden zu sehen … blablabla. Als ich das erkannte, nahm ich eine beobachtende, neutrale Haltung ein. Ich versuchte, die neue Situation einfach nur zu beschreiben und entsprechend meiner Werte das »Beste daraus zu machen«.

Dieser Zustand eröffnete nun neue Möglichkeiten, die ich zuvor in der alten klassischen Ehesituation nicht hatte.

Wenn meine Söhne am Wochenende bei mir waren, hatte ich alle Zeit der Welt, um mich aktiv mit ihnen auseinanderzusetzen. All die Dinge, die ich sonst am Samstag machen musste (Garten, Haus, aufwändige Einkäufe, Organisation von Festen …) fielen jetzt weg. Da ja außer der Wohnung nichts da war, mussten wir uns immer neu überlegen, wie wir unsere gemeinsame Zeit miteinander verbrachten. Heraus kamen teilweise witzige und vielleicht auch etwas unvernünftige Aktivitäten. Samstagabends gab es oft das »Mitternacht-Dinner« (Spiegeleier um 24:00 Uhr), zwei Tage mit dem Hund wandern, mit dem Geländewagen auf einer Motocrossstrecke fahren ... Andere Aktivitäten, die wir unternommen hatten, behalte ich für mich und möchte sie auch dem Leser ersparen.

Es war sicherlich eine sehr besondere Zeit, die Zeit der Umorientierung ((meine Umgebung sprach wahrscheinlich von meiner »Midlife-Crisis«). So hatte ich also mein altes Leben beendet, um in ein neues zu starten. Aber wohin sollte die weitere Reise gehen?

In dieser Phase begann ich erneut, mich mit meinem »Selbst-als-Konzept« auseinanderzusetzen, was ich zu Beginn des Buches schon einmal in Ansätzen beschrieben habe. Hierzu setzte ich mich mit Fragen auseinander wie: »Wer bin ich wirklich?«, »Was ist mein eigentliches ›Ich‹?« (ein anderes Wort für das ›Ich‹ ist das Wort ›Selbst‹) und »Was sind Konzepte, Vorstellungen und Ideen, die ich übernommen hatte von meinen Eltern, der Gesellschaft, meiner Umgebung oder aus gelernten Erfahrungen aus meinem bisherigen Leben?«

Hierzu versuchte ich mir *meine* »Geschichte« vor Augen zu halten, wie ich sie bisher wahrgenommen hatte. Diese schrieb ich auf ein Blatt Papier. Sie lautete ungefähr wie folgt:

»Ein Teil von dir ist verletzlich und sensibel. Diesen musst du schützen. Wichtig ist, dass du dich stets bemühst. Du musst immer Gas geben, dich auch mal verausgaben. Deine eigenen Wünsche und Bedürfnisse spielen hierbei keine Rolle. Du musst ein guter Vater, Ehemann und Arzt sein. Wichtig ist es, dass du einen guten Ruf und ein gutes Ansehen hast. Materielle Dinge im Leben sind dir wichtig. Hierzu zählt ein großes Haus, ein großes Auto, gute Kleidung. Dein Leben ist irgendwie wie ein permanenter Kampf, das muss auch so sein, denn du willst ja weiterkommen. Versuche daher, alle Dinge möglichst schnell zu erledigen, am besten gleichzeitig. Was deine Kinder anbelangt, ist es wichtig, dass diese deine Werte übernehmen. Zu deinem Leben gehört auch zwangsläufig eine Frau. Da du ein Arzt bist, sollte diese repräsentativ sein.«

1.2 Die Lebenswende

Als ich meine Geschichte zu Ende geschrieben und nochmals gelesen hatte, war ich erst einmal erschrocken. Als erstes war mir aufgefallen, wie oft das Wort »muss« darin auftauchte. Dann ist mir aufgefallen, dass viele Kernaussagen über mich heute so überhaupt nicht mehr zutreffen. Ganz im Gegenteil. Sie sind bei der Entwicklung meines neuen Lebenskonzeptes sogar hinderlich.

Als Erstes beschloss ich, mich von dem Wort »muss« zu verabschieden. Damit verbunden war auch meine Entscheidung, meine Aussagen über mich nicht »wie aus Stein gemeißelt« zu sehen. Ich wollte für die Zukunft flexibler entscheiden, mehr an der aktuellen Situation orientiert als an meinen eigenen Glaubenssätzen über mich selbst. Verabschiedet habe ich mich von folgenden mir selbst zugeschriebenen Charaktereigenschaften: »Ich muss immer 100 % Leistung erbringen, mich immer beeilen, immer allen gerecht werden, den Konsum so hoch ansetzen, die Praxis bis zur völligen Verausgabung betreiben und um jeden Preis ein guter Vater sein.« Ich erlaubte mir, in den Rollen Arzt und Vater so aktiv und engagiert zu sein, wie ich es gerade konnte und persönlich wollte. Vom Beeilen und unter Druck setzen wollte ich mich verabschieden. Das Thema Partnerschaft wollte ich offen gestalten: prinzipiell ja, aber nicht mehr um jeden Preis. Bei der Wahl einer neuen Partnerschaft wollte ich mich mehr an meinen persönlichen Werten orientieren.

Plötzlich wurde mir etwas mulmig. Es stellte sich zunehmend die Frage: »Wenn ich mich von so vielen Überzeugungen über mich selbst verabschiede, verliere ich mich da nicht selbst?«

Es werden im Folgenden einige Überlegungen über das »Ich« bzw. das »Selbst« angestellt. Das »Selbst-als-Konzept« wurde ja bereits dargestellt. Demgegenüber steht das »Selbst-als-Kontext« oder auch das »Beobachter-Selbst«. Dies ist der bewusste Prozess der Eigenwahrnehmung. Das, was gerade passiert, sollte erlebnisoffen wahrgenommen werden. Hierdurch wird man in die Lage versetzt, dem Fühlen, Denken und Handeln bewusst zuzuschauen. Aus dieser Zuschauerperspektive kann man eher erkennen, was im Leben zufriedenstellend verläuft und was gut funktioniert. Diese Beobachter-Perspektive kann man sich so vorstellen, wie es ist, wenn man sich einen Kinofilm anschaut. Wenn es losgeht, ist man mit dem Geschehen verschmolzen. Es ist eine Situation wie »Mitten-drin-leben«. Wenn es dann aber zu heikel wird, zu intensiv, kann man die Beobachter-Position einnehmen. Aus dem »Mitten-drin-leben« wird dann das »Von-außen-darauf-Schauen«. So kann man sich das »Beobachter-Selbst« vorstellen. Eng verbunden hiermit ist die Bezeichnung »Selbst-als-Kontext«. Hiermit ist gemeint, dass nicht die gerade erlebten Gedanken, Gefühle und Empfindungen das Entscheidende sind, sondern der Umstand, dass etwas da ist, das dies alles wahrnimmt. Und dies bereits ein Leben lang. Der Mensch ist wahrscheinlich das einzige Lebewesen, das sich selbst reflektieren kann. Es gibt etwas hinter unseren Augen, das beobachtet und wahrnimmt, was gerade geschieht. Hierbei handelt es sich um denselben Platz – ähnlich einer Aussichtsplattform – der immer da war, ein Leben lang: Kindheit, Jugend, Erwachsensein. Ist man die oder der, der man früher war? Biologisch sicherlich nicht. Manches wird erneuert, manches altert. Bleibt der Charakter? Nicht immer. Alles wechselt, dennoch gibt es einen Teil, der konstant bleibt, das eigentliche »Selbst«. Es handelt sich um eine Perspektive des Ich/ Hier/ Jetzt, Ich/ Damals/Dort. Was bleibt, ist das Ich. Dieses »Ich« oder »Selbst-als-Kontext« ist eine Art bleibende Arena der unzähligen szenischen Aufführungen des Lebens. Es ist also mehr eine Art Ort, von wo aus wahrgenommen wird. Vergleicht man dies mit einem Schachspiel, so wäre dieser Ort das Schachbrett, das die Figuren trägt, die dort oben den Kampf führen. Das Schachbrett trägt die Figuren, schaut zu, ist aber nie in den Kampf involviert. Schon einige Male habe ich auf die Adjektivpaare richtig/falsch, gut/schlecht, wahr/unwahr usw. hingewiesen. Diese Adjektivpaare führen dazu, Beurteilungen abzugeben. Welches Adjektiv man nun wählt, hängt häufig von der Perspektive ab. Die Möglichkeit, wechselnde Perspektiven einzunehmen macht frei und schärft den Blick. Es führt zu einer Flexibilität im Augenblick. Auch dies ist ein Ausdruck des »Selbst-als-Kontext«.

Wenn man sich das vergegenwärtigt, kann man sich durchaus von Konzepten über sich selbst verabschieden, ohne sich selbst zu verlieren. Dieser innere Ort, die Perspektive, aus welcher man heraus erlebt und die schon immer da war, wird auch immer bleiben.

(Selbst-als Kontext)

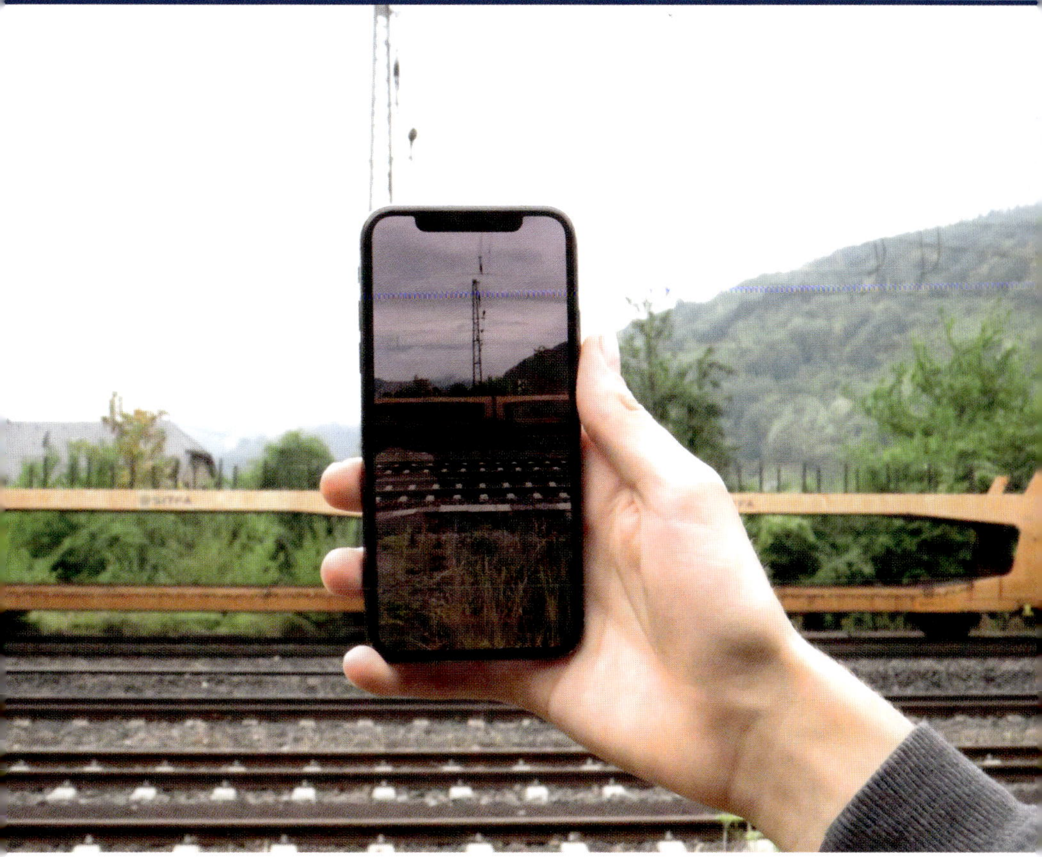

Diese dargestellten Überlegungen hatten mir geholfen, Veränderungen zu initiieren.

Es war mir gelungen, Kontakt zu dem Ort aufzunehmen, der schon immer da war, und von wo aus beobachtet und wahrgenommen wurde. Es waren ein und dieselben Augen, die damals gesehen hatten und heute sehen:

»Ein kleiner rothaariger Junge, der Angst hatte, im Kindergarten zu bleiben. Derselbe, der mit fünf Jahren eingeschult wurde und sich im Mathematikunterricht in die Hose machte, derselbe, der anfangs im Gymnasium Ängste hatte, nicht gut genug zu sein, und dann aber doch im vorderen Feld mitgespielt hatte. Es war derselbe junge Mann, der sich in Nürnberg in der Kaserne der Luftwaffe während der Wehrdienstzeit in seinem Bett einsam und eingeschlossen fühlte. Es war derselbe Mann, der während seines Medizinstudiums immer versuchte, alles zu verstehen, um später keine Fehler zu machen. Es war derselbe, der in der Praxis versuchte, alles richtig zu machen. Es war derselbe, der noch einmal zusammen mit seinen Kindern im wahrsten Sinne des Wortes wieder ein Junge wurde und Unsinn machte, weil er im Schnee versuchte, mit dem Auto einen Berg hochzufahren, was eigentlich gar nicht ging. Es war derselbe, der damals in einer möblierten Ferienwohnung saß und versuchte, seinem Leben eine neue Richtung zu geben. Bereits sein ganzes Leben lang waren es die grün-blauen Augen dieses Jungen und späteren Mannes, die sahen und sehen, was sie sahen und sehen.«

Diese Erkenntnis gab mir Kraft und war die Voraussetzung, wichtige Änderungen in meinem Leben vorzunehmen, ohne Angst zu haben, mich selbst zu verlieren.

Mit dieser neugewonnenen inneren Einstellung hatte sich mein Leben dann in maßgeblicher Weise verändert. Wenn auch nicht zwangsläufig gewollt, war schon bald eine neue Frau in mein Leben getreten, Christine Hartge. Sie entsprach quasi in allen Punkten meinen persönlichen Werten einer idealen Partnerin. Wir waren uns emotional sehr verbunden, konnten ausgezeichnet miteinander reden, hatten dieselben Hobbys und auch dieselben Vorstellungen, was im Leben wertvoll und wichtig ist. So wurden wir schnell ein Paar. Nach kurzer Zeit war ich aus meiner möblierten Ferienwohnung zu ihr an die Mosel nach Bullay gezogen und fand dort meine neue Heimat. Nach der Scheidung, die sich gefühlt endlos hinzog und all meine gelernten Fertigkeiten nach ACT in Anspruch nahm, heiratete ich Christine. Da sie in einem ähnlichen Tätigkeitsfeld wie ich beschäftigt war und ist (Trainerin und Coach), konnten wir uns in vielen Punkten gegenseitig unterstützen und auch gemeinsam arbeiten, zum Beispiel in der Paartherapie. Auch eröffnete ich in Bullay eine Zweitpraxis. Vor einigen Jahren war dann mein jüngster Sohn zu uns gezogen. Das sehr gute Verhältnis zu meinem älteren Sohn bestand und besteht auch heute noch in unveränderter Weise.

Auch die Beziehung zu meinen Eltern war in dem neuen Kontext stressfrei und harmonisch geworden. Ich konnte mich sogar wieder – zumindest wenn nötig – in sachlichen Themen mit meiner Ex-Ehefrau unterhalten, was über viele Jahre nicht möglich war. Hierbei half mir »aktives Verzeihen« als eine Sonderform von aktiver Bereitschaft (Commitment).

Vergebung als Sonderform der aktiven Bereitschaft

Wir alle kennen das: Man fühlt sich verletzt und trägt dies demjenigen nach, der uns diese Verletzung zugefügt hat. In Gedanken beschäftigt man sich immer wieder mit diesem Thema. Man kann und will nicht verzeihen. Dann ist der Kampfmodus eingeschaltet. Mann trägt schwer an der Last bzw. am schweren Rucksack des »Nicht-Verzeihen-Könnens«.

Eine sicher bessere Alternative ist, als aktiv Handelnder – im Sinne von Bereitschaft und Commitment – sich auf den Weg zu machen und demjenigen zu verzeihen, der einen verletzt hat. Dies bedeutet nicht, dass das Unrecht ungeschehen gemacht werden soll. Es bedeutet auch nicht, dass man akzeptiert, was einem angetan wurde. Verzeihen bedeutet vielmehr, dass man den Krieg beendet, den Rucksack wegwirft und dadurch wieder leichter durchs Leben gehen kann. Verzeihen bedeutet, sich selbst ein Geschenk zu machen. Verzeihung ist die »Krönung« von Commitment als aktive Handlung.

(aktive Bereitschaft, Commmitment)

Zusammenfassend haben sich aus meiner Lebensgeschichte und der Anwendung von ACT folgende zentrale Aspekte als bedeutend herausgestellt:

Was mir mein Verstand über die Zukunft vorhergesagt hat, damals im Zug von Berlin nach Wittlich, war alles, aber auch alles falsch. Nichts davon ist eingetreten, nichts war schöner, nichts war schlechter, aber alles war anders.

Einzig wahr ist das gelebte Leben.

Wer bereit ist, sein Leben erlebnisoffen zu empfangen, mit Akzeptanz die Dinge annimmt, die nicht änderbar sind, mit Bereitschaft seinen Weg geht, geführt von persönlichen Zielen im Dienste der eigenen Werte, den nötigen Abstand zu dem Verstand wahrt und nicht mit diesem verschmolzen ist und auf seinem Lebensweg nicht zu sehr an seinen Konzepten klebt, sondern in der Lage ist, auch einmal die Perspektive zu wechseln und flexibel agieren kann, der wird das Dasein als reicher und erfüllter erleben.

1.3 ACT im Alltag

Wie bereits dargestellt, hat sich mein Leben zwischenzeitlich in grundlegender Weise geändert. Ich denke, dass es mir mithilfe von ACT gelungen ist, den für mich richtigen Weg zu gehen. Dennoch bringt das Leben tagtäglich neue Herausforderungen. Wenngleich es gilt, immer wieder neue Hürden zu überwinden, ist es gut, hierbei eine positive und fröhliche Grundhaltung einzunehmen. Neben Humor ist es sicherlich hilfreich, sich regelmäßig in ACT- Fertigkeiten zu üben.

ACT ist ein immer fortlaufender Prozess nach dem Prinzip: »Lass den Kuchenteig aufgehen«. Regelmäßig angewandt, kommt es quasi wie von selbst zu einem Prozess. Diesen kann man, solange man lebt, optimieren.

Ich möchte kurz auf einige Beispiele eingehen, wie ich ACT in mein Leben eingebaut habe.

Nachdem ich nun in ein ruhigeres Fahrwasser gekommen war, habe ich beschlossen, mehr Engagement in meinen Wert Gesundheit zu investieren. Also beschloss ich, mehr Sport zu machen. Es sollte eine Aktivität sein, die mir Spaß machte, realistisch und umsetzbar war und in mein Leben und meine Alltagsgestaltung passte. Also begann ich, jeden Morgen von montags bis freitags von 6:30 Uhr bis 7:30 Uhr sechs Kilometer zu laufen, immer dieselbe Strecke.

Hier kommt nun das Thema Achtsamkeit ins Spiel. Bei meinem Lauf richtete ich meine Aufmerksamkeit entweder auf das Wahrnehmen der Fortbewegung und der Atmung oder auf das Beobachten der Natur und den Bildern, die sich mir beim Laufen präsentierten. Wenn ich merkte, dass ich am Haken der Gedanken hing, richtete ich meine Aufmerksamkeit wieder auf das direkte Erleben.

Überhaupt versuchte ich, mehr im Erleben zu sein bzw. im aktuellen Augenblick. Dies tat ich bei allen Verrichtungen des Alltags. Es begann morgens und begleitete mich über den gesamten Tag. Wenn ich morgens duschte, bemühte ich mich darum, mit allen Sinnen aktiv den Vorgang des Duschens wahrzunehmen, so wie sich das Wasser anfühlt, ob es warm oder kalt ist und wie das Shampoo riecht. Gedanken ließ ich vorüberziehen wie vorüberfahrende Autos. Egal ob es sich um Frühstücken oder zur Arbeit fahren handelte, immer versuchte ich mich auf das zu konzentrieren und zu erleben, was ich gerade

tat. Dies half mir auch bei meiner täglichen Arbeit in der Praxis. Indem ich immer mit der Aufmerksamkeit im aktuellen Augenblick war bzw. bei dem Patienten, der gerade vor mir saß, kam ich zunehmend in einen Prozess der Entschleunigung hinein. Ich arbeitete eine Sache nach der anderen ab und erreichte auf diese Weise eine zunehmende Gelassenheit.

Bei Fragen, die den Praxisalltag betrafen oder die Erziehung meiner Kinder, versuchte ich, einen Schritt zurückzutreten und erst einmal auf die Situation zu schauen, also die Perspektive des »Beobachter-Selbst« einzunehmen und mich nicht zu sehr an meinen inneren Formeln zu orientieren (»Selbst-als-Konzept«). Dies erlebte ich als befreiend und machte mich flexibler. Es führte unter anderem dazu, dass ich aufhörte, mich permanent zu überfordern und meine Arbeitszeiten auf ein akzeptables Maß reduzierte. Ich glaube auch, dass ich meinen Erziehungsstil bzw. meine beratende Funktion bei meinen Kindern mehr an ihren Bedürfnissen ausrichtete.

Auch hatte ich zwischenzeitlich meinen Verstand besser im Griff. Ich hatte gelernt, mich mit hilfreichen Gedanken zu beschäftigen und unproduktive Gedanken zu entschärfen. Dies ging ganz automatisch und führte dazu, dass ich das Gefühl des Grübelns im Vergleich zu vorher immer weniger empfand. Auch beobachtete ich sowohl bei mir als auch bei meiner Umgebung die Tendenz, alles und jeden zu bewerten. Ich für meine Person nahm mir vor, tendenziell zu beobachten und zu beschreiben, statt zu urteilen.

Quasi beiläufig wurde mir immer bewusster, ein Gefühl der Gelassenheit zu erlangen und auch mal sagen zu können: »Ja, es ist wie es ist«, wenn ich zu dem Schluss gekommen war, dass ich etwas nicht ändern kann, egal wie sehr ich mich bemühe. In diesem Zusammenhang beschäftigte ich mich auch zunehmend wieder mit meinem Glauben. Ich erlebte es als befreiend, das Gefühl zu haben, dass es neben mir noch etwas oder jemanden gibt, der letzten Endes die Richtung angibt. Dies half mir dabei und hilft mir bis heute, zum Beispiel besser mit schweren Erkrankungen oder Tod im Bekanntenkreis oder meinen eigenen Befürchtungen in diese Richtung umzugehen.

2.1 Einführung in die Akzeptanz- und Commitmenttherapie (ACT)

Was ist die »Akzeptanz- und Commitmenttherapie«?

Es ist die neueste Form der Verhaltenstherapie, eine Methode, Verhalten und Erleben zu verändern.

Im Folgenden wird für den Ausdruck Akzeptanz- und Commitmenttherapie nur noch die Abkürzung »ACT« verwendet.

Warum ACT?

Bei ACT handelt es sich nicht nur um eine Psychotherapie, die vermeintlich kranken Menschen hilft, sondern um eine Art Lebensphilosophie, die auch dem gesunden Menschen helfen kann, ein besseres und zufriedeneres Leben zu führen.

Jeder Mensch durchlebt bestimmte Situationen, bleibende und wiederkehrende wie einmalige und außergewöhnliche. Er wird dabei mit Themen konfrontiert wie die Bewältigung von Krankheiten, Angst vor dem Tod, Trennungen, Misserfolge, körperliche und geistige Krankheiten, ungünstige äußere Umstände, den Umgang mit persönlicher Anerkennung oder Ablehnung, Wohlstand und Erfolg wie auch Misserfolg, zwischenmenschlichem Zusammenleben und Erfahrungen mit Glück oder Unglück.

Leben ist eine Balance von Beeinflussen und Beeinflusst-werden, von Anstrengen, Kämpfen, Überwinden und Loslassen.

Es handelt sich häufig um ein Wechselspiel von vernunftgeleitetem oder bedürfnisorientiertem Handeln. Ein Zuviel wie ein Zuwenig an Anspannung und Entspannung lassen Krankheitsbilder entstehen wie das Burnout (Ausgebranntsein) oder das Boreout (Ausgelangweiltsein). Recht neu ist auch das Krankheitsbild des Brownout (Spannungsabfall, partieller Stromausfall). Gemeint ist das Absinken von Lebensenergie und Antrieb durch Sinnentleerung. Dieses Phänomen macht sich vor allem in der Arbeitswelt breit. Es kann sich aber auch auf alle Lebensbereiche ausdehnen.

2.1 Einführung in die ACT

Menschen wollen ihrem Leben einen Sinn geben, etwas hinterlassen, ihr Leben nach individuellen Werten ausrichten. Die Verwirklichung dieses Vorhabens ist aber selten leicht. Äußere und innere Gegebenheiten setzen Grenzen.

Es gilt, Unlust und Misserfolge zu überwinden und Unmachbarkeit zu akzeptieren. Wer will, macht sich auf den Weg. Ein starker Wille ist gut, aber keine Voraussetzung. Jeder kann versuchen sich die Bedingungen zu schaffen, die er braucht und die ihm möglich sind.

Ziele werden so definiert, dass sie umsetzbar sind und ihr Erreichen als Erfolg zählt. Zu hochgesteckte Ziele können leicht Frustrationen auslösen.

Wichtig ist, sich selbst beobachten zu lernen. Dies bedeutet, nicht in den Kampf von Gedanken und Gefühlen hineingezogen zu werden, praktisch eine Beobachter-Position einzunehmen. Wir lernen, Gedanken und Gefühle als Prozesse zu erkennen und einfach da sein zu lassen, wo sie sind. Diese Sinneseindrücke lassen sich mit Kontrolle wenig beeinflussen.

Was ist also zu tun? Loslassen, lockerlassen, geschehen lassen, akzeptieren. Wir müssen nicht automatisch nach dem handeln, was wir denken oder fühlen.

Unsere Aktionen können wir im Sinne unserer Lebenswerte ausrichten und nicht uns unmittelbar von unseren Gefühlen leiten lassen. Wenn wir zum Beispiel Durst haben, müssen wir nicht (gleich) trinken. Wir können das tun, müssen es aber nicht. Wir haben die Wahl. Wenn wir Situationen vermeiden, vor denen wir uns fürchten, bei denen wir Angst empfinden, so sind wir zwar in der Regel erleichtert, kommen jedoch von dem Weg ab, den wir gehen wollen.

Aus der Sicht von ACT gilt es, die Herausforderungen und Möglichkeiten des Alltags in ein selbstbestimmtes, sinnerfülltes und sinngeleitetes Leben zu integrieren und eine entsprechende Lebenshaltung zu entwickeln.

Eine schöne Metapher, die einen Überblick darüber gibt, wie die einzelnen Teile der Methode funktionieren, ist die Folgende:

Besteigen eines 1000 Meter hohen Berges:

Stellen Sie sich vor, Sie haben sich vorgenommen, einen 1000 Meter hohen Berg zu besteigen (Ziel). Sie möchten dies tun, um die Natur zu genießen und körperlich topfit zu bleiben (Wert). Und nun beginnen Sie, loszuklettern. Am Anfang fällt Ihnen dies möglicherweise leicht, dann aber müssen Sie sich zunehmend quälen. Bald werden Ihnen Gedanken durch den Kopf gehen wie: »Das war doch klar, dass du das nicht schaffst; außerdem ist das doch völliger Unsinn, dreh einfach um.« Wenn Sie sich diese Gedanken abkaufen, mit ihnen verschmelzen (Fusion), werden Sie jetzt umdrehen, und Ihr Vorhaben ist beendet. Wenn Sie es aber schaffen, den Gedanken die Macht über Ihr Vorhaben zu nehmen, sie quasi zu entschärfen (Defusion), werden Sie weitergehen. Vielleicht wird Ihr Verstand Sätze produzieren, wie: »Wenn es darauf ankommt, hast du es nie geschafft« oder »im Prinzip bist du völlig unsportlich« (Selbst-als-Konzept). Es gilt, sich dann von diesem Konzept zu lösen und ein flexibles Konzept über sich selbst zu entwerfen.

Wie zum Beispiel: »Wenngleich ich vielleicht in der Vergangenheit manches nicht geschafft habe und vielleicht auch nicht der Sportlichste bin, sehe ich mich heute dazu in der Lage, die Aufgabe zu schaffen. Statt mich zu bewerten, beobachte ich mich einfach und verabschiede mich von diesen Gedanken, die mich nicht weiterbringen. Ich brauche keine Angst zu haben, mich zu verlieren, denn derjenige, der das nun denkt und beobachtet, war schon immer da, ein Leben lang (Selbst-als-Kontext)«. Sie sollten auch bereit sein, innere negative Gedanken und Gefühle in Kauf zu nehmen, damit verbunden auch gewisse körperliche Unbequemlichkeiten (Akzeptanz). Vielleicht verlaufen Sie sich und nehmen den einen oder anderen falschen Weg und müssen wieder umkehren, sodass Ihr Vorhaben immer schwieriger wird, und jetzt nur noch der unbedingte Wille hilft, Ihr Vorhaben fortzusetzen (Commitment). Dies wird Ihnen sicherlich dann leichter fallen, wenn Sie es schaffen, bewusst zu erleben, wie Sie wandern und was Sie sehen, und wenn Sie mit der Aufmerksamkeit im Hier und Heute sind und Sie Ihren Gewahrsam ganz auf das Erleben und Wahrnehmen richten (Achtsamkeit).

2.2 Die sechs Bausteine

Diese kleine Metapher enthält die sechs Punkte, welche die zentralen Bausteine von ACT darstellen und von Steven Hayes im sogenannten Hexaflex (Sechseck) zusammengefasst sind:

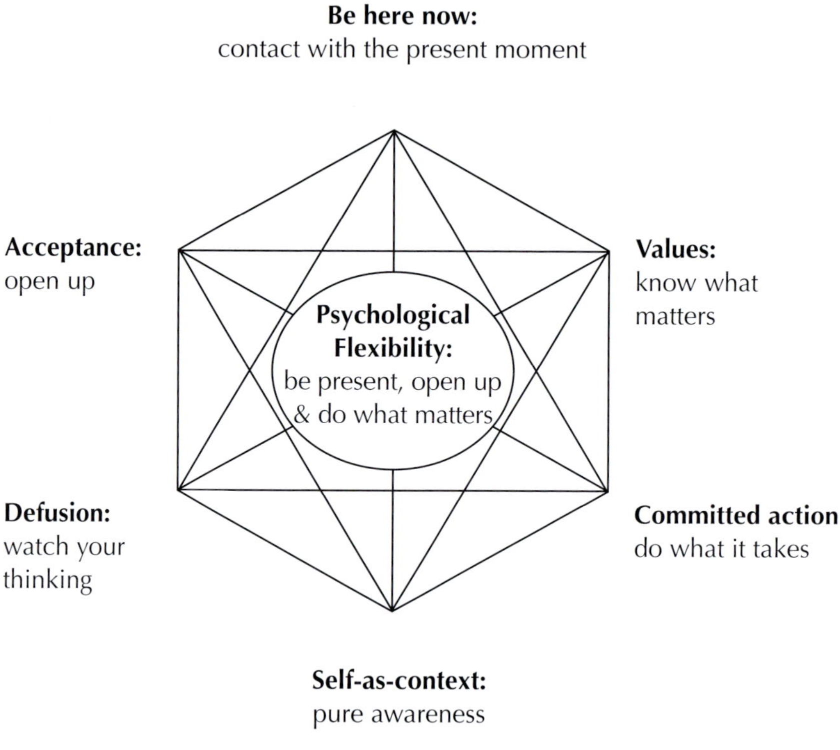

Steven Hayes, 2004

Acceptance, open up: Akzeptanz, öffnen Sie sich! Dies steht für die Bereitschaft, unangenehme negative Gefühle in Kauf zu nehmen.

Defusion, watch your thinking: Defusion steht für Entschärfung: Beobachten Sie Ihre Gedanken! Hierbei geht es darum, den negativen Gedanken die Macht zu nehmen, Abstand zu bekommen zu störenden Gedanken.

Be here now, contact with the present moment: Sind Sie jetzt hier, nehmen Sie Kontakt auf mit dem aktuellen Moment! Dies steht für Achtsamkeit, Gegenwärtigkeit im Augenblick.

Values, know what matters: Werte, die wirklich zählen. Sind Sie sich bewusst, was Ihnen wirklich wichtig ist! Hierbei geht es darum, Klarheit über Ihre persönlichen Werte zu erlangen, dafür, wie nah Sie Ihrem Wert sind, und gegebenenfalls um die Formulierung von Zielen, welche Sie dem Wert näherbringen.

Committed action, do what it takes: Engagiertes Handeln, machen Sie, was notwendig ist! Hiermit ist gemeint, eine Haltung des unmittelbaren Willens einzunehmen, ein Ziel zu erreichen, sich absolut an Vereinbarungen mit sich selbst zu halten.

Self-as-context, pure awareness: Selbst-als-Kontext, reines Bewusstsein. Das Selbst als die immer bleibende, unberührte Einheit.

In der Mitte des Sechsecks steht: ***Psychological Flexibility, be present, open up and do what matters:*** »Psychologische Flexibilität, sind Sie präsent, öffnen Sie sich, machen Sie, was Ihnen wichtig ist!«

Wie man aus der Grafik erkennen kann, stehen die Punkte alle miteinander in Beziehung.

Die rechte Seite steht für Offenheit und Bereitschaft, oder anders ausgedrückt – ***aktives Annehmen***; die linke Seite steht für In-Bewegung-Kommen oder anders ausgedrückt – ***aktives Handeln***.

Nun ist es so, dass jeder Mensch in einem oder oder auch in mehreren Punkten Stärken (Ressourcen) hat, worauf er zurückgreifen kann, entweder, weil er sie in die Wiege gelegt bekam, oder weil er sie sich im Laufe seines Lebens angeeignet hat, oder irgendjemand hat ihm entsprechende Fähigkeiten vermittelt. In anderen Punkten bestehen aber Schwächen. Vor allem hier gilt es, Veränderungen herbeizuführen.

2.2 Die sechs Bausteine

Egal, in welcher Lebenssituation man gerade ist, kann es immer wieder nützlich sein, eine dieser sechs Fertigkeiten anzuwenden. Dabei sollte man nicht erwarten, dass sofort etwas geschieht. Es handelt sich bei dieser Methode um eine Veränderung von Verhalten und Erleben, quasi um eine Art »Umdenken«. Die einzelnen Fertigkeiten müssen kontinuierlich geübt werden. Das Prinzip, welches dahinter steht, ist: »Lass den Kuchenteig aufgehen«. Wenn man regelmäßig übt, wird sich langsam etwas verändern. Was am Anfang vielleicht kaum spürbar ist, wird sich aber am Ende als sehr effektiv erweisen. Man kann ein Leben lang hierin immer besser werden.

Vielleicht gibt es Phasen, in denen man nicht daran denkt, Aspekte dieser Methode anzuwenden. Das macht nichts, wenn man merkt, dass man nicht mehr so sehr in der Methode drin ist. Man kann jederzeit wieder neu beginnen. Auch wenn man vielleicht bemerkt, wieder einmal in der Falle zu stecken, wieder in alte, nicht funktionierende Muster verfallen zu sein, macht das nichts. Hab Mut, nach dem Prinzip: »Schon 100 Mal probiert, schon 100 Mal gescheitert, macht nichts, probiere es noch einmal, scheitere besser und irgendwann gar nicht mehr.«

2.3 Akzeptanz und Bereitschaft

Acceptance, open up: Akzeptanz, öffne dich! Dies steht für die Bereitschaft, unangenehme negative Gefühle in Kauf zu nehmen.

Dieses Kapitel befasst sich schwerpunktmäßig mit unseren Gefühlen und dem Umgang mit ihnen. Üblicherweise unterteilen wir unsere Gefühle in gute und schlechte. Gute Gefühle wollen wir möglichst viele haben und diese auch möglichst lange, schlechte Gefühle wollen wir nicht haben, und wenn wir sie schon haben müssen, dann wollen wir sie möglichst schnell unter Kontrolle bekommen.

Die Sache mit »gute Gefühle schnell haben wollen« kennen wir beispielsweise von den ***Heroinabhängigen***. Die Applikation von Heroin i.v. führt dazu, kurzfristig ein starkes Gefühl des Glücks zu erzielen, zu fixieren. Daher nennt man diesen Vorgang auch »fixen«. Aber wir alle kennen den Preis hierfür. Das Fixieren dieses kurzen Glücks kann ein ganzes Leben zerstören.

Wenn wir immer unsere eigenen Gefühle als Maßstab nehmen und unsere Handlungen entsprechend unseren Gefühlen vollziehen, anstatt uns an unseren inneren Werten zu orientieren, laufen wir Gefahr, den Kurs zu verlieren und gravierende Fehler im Leben zu begehen. Wie wir weiter unten sehen werden, ist es viel effektiver, die Gefühle einfach da sein zu lassen, wo sie sind. Das bedeutet, positive Gefühle zu genießen, solange sie da sind, und nicht zu versuchen, sie zu fixieren und andererseits negativen Gefühlen Platz zu geben, und sie einfach als das sein zu lassen, was sie sind. Gefühle kann man auch vergleichen mit schwierigen Lebenssituationen, die wir vielleicht in der Vergangenheit schon erlebt haben. Lebenssituationen und Gefühle sind häufig miteinander verbunden, es existiert eine Gedächtnisspur. Wenn die Gefühle über uns stehen oder wir diese wie einen Balken vor unseren Augen wahrnehmen, hindern sie uns daran, unseren Weg fortzusetzen.

Zur Vergegenwärtigung sollen die folgenden beiden Metaphern dienen.

Metapher von dem Balken vor den Augen

Stellen Sie sich vor, Sie haben eine neue Aufgabe vor sich. Sie haben aber Angst, diese nicht zu schaffen oder möglicherweise etwas dabei zu verlieren, wie zum Beispiel Sicherheit. Das Hauptgefühl, das Ihnen nun möglicherweise im Weg steht, Ihre neue Richtung einzuschlagen, ist das Gefühl der Angst. Sie können sich dies verdeutlichen, indem Sie auf ein Blatt Papier das Wort »Angst« schreiben. Jetzt halten Sie sich das Blatt vor die Augen und versuchen, durch einen Raum zu gehen. Sie werden immer nur das weiße Blatt Papier mit dem Wort »Angst« sehen. Auf diese Weise kommen Sie jedoch kaum vom Fleck, Sie stoßen überall an und sehen nicht, was vor Ihnen liegt. Das Blatt Papier mit dem Wort »Angst« blockiert alles. Eine Möglichkeit ist, dieses Blatt zusammenzufalten und in die Tasche zu stecken. Im Wesentlichen ändert sich nicht viel, die Angst ist immer noch da, das ist Ihnen bewusst. Sie sind auch bereit, die Angst zu akzeptieren, indem

Sie das Blatt Papier zusammengefaltet in Ihre Hosentasche gesteckt haben. Der Unterschied zum ersten Zustand besteht aber darin, dass Sie nun mit Ihrem Gefühl, das Sie nicht loswerden wollen, und das Sie bereit sind, mit sich zu führen, überall hingehen können.

Hausmeistermetapher

Stellen Sie sich einen klassischen Hausmeister vor. Das typische Utensil eines Hausmeisters ist ein großer eiserner Ring, an dem viele Schlüssel hängen. Mit jedem Schlüssel kann er viele Türen öffnen. Diesen Schlüsselring trägt er stets bei sich, er behindert ihn aber nicht, er kann sich damit frei bewegen und ermöglicht ihm, jeden Raum zu betreten. Ähnlich können Sie das mit Ihren Gefühlen handhaben. Stellen Sie sich für jedes Gefühl einen Schlüssel vor. Jedes Gefühl, also jeder Schlüssel hat seinen Platz, und zwar an einem Ring, den Sie in die Tasche stecken können, den Sie nicht ablehnen, den Sie nicht negieren. Sie lassen alle Schlüssel einfach da sein. Aber kein Schlüssel an diesem Ring macht es Ihnen unmöglich, Ihren Weg entsprechend Ihrer Werte zu gehen.

Exkurs über Gefühle:

Wir werden permanent von einer Flut von Gefühlen überschüttet, die wir entweder als gut oder schlecht, als angenehm oder unangenehm klassifizieren. Häufig lassen wir uns von Gefühlen leiten oder wir lassen zu, dass Gefühle unser Handeln beeinflussen.

Wie aber entstehen Gefühle? Gefühle sind oft zurückzuführen auf Spuren aus der Vergangenheit. Dies kann mitunter die Vergangenheit der gesamten Menschheitsgeschichte sein oder auch nur die persönliche Vergangenheit mit ihren Erfahrungen. In der Forschung wurde nachgewiesen, dass zumindest teilweise Gefühle genetisch weitergegeben werden. Nur so ist es zu verstehen, dass Babys, wenn sie eine Spinne sehen, anfangen zu weinen, ohne je zuvor eine Spinne gesehen oder von einer Spinne ein Leid erfahren zu haben. Das ist damit erklärbar, dass unsere Vorfahren von großen Spinnen bedroht wurden.

Auch haben unsere Erfahrungen, die wir in unserem bisherigen Leben gemacht haben, einen großen Einfluss auf unser Erleben im Hier und Heute. Kaum eine Erfahrung geht verloren, quasi jede hinterlässt ein Gedächtnis. Dies macht die Gesamtheit unseres Gefühlslebens aus. Wir begegnen neuen Situationen mit unserem Schatz an Erfahrung. Folgendes Beispiel soll dies verdeutlichen: Wenn ein Spaziergänger irgendwann einmal von einem Hund gebissen wurde, kann es durchaus sein, dass er jedes Mal Angst bekommt, wenn er einen Spaziergang unternehmen will. Da ist die Angst, von einem Hund gebissen zu werden, obwohl kein Hund weit und breit zu sehen ist. Die Erfahrung hat eine Gedächtnisspur hinterlassen.

Was Gefühle zu sein vorgeben, geht weit häufiger über die wirkliche Situation hinaus. Bei einem Patienten mit Flugangst sagt die Angst nicht: »Du hast schlechte Erfahrungen mit dem Fliegen gemacht.« Manchmal ist sogar genau das Gegenteil der Fall: Man ist schon viele Male geflogen, ohne dass etwas passiert ist. Trotzdem sagt die Angst: »Fliegen ist gefährlich, wahrscheinlich wirst du abstürzen.« Unsere Gefühle produzieren dennoch immer wieder Gedanken, von denen wir glauben, dass sie in der Realität verankert sind, obwohl das oftmals gar nicht der Fall ist.

Gefühle sind vielfältig – heute so und morgen so. Was uns heute beunruhigt, braucht uns schon morgen eventuell keine Angst mehr einzuflößen. Häufig sind Gefühle wie Wellen. Sie entstehen, werden größer und größer und wenn sie ihren Höhepunkt erreicht haben, fallen sie in sich zusammen und ebben ab.

In unserem Inneren besteht ein ständiges Kommen und Gehen von kleineren oder größeren Gefühlen. Manchmal meinen wir gar, dass uns ein Gefühl zum Explodieren bringen könnte. In solch einem Fall fehlt uns der klare Blick. Dabei sind wir wahrscheinlich noch nie explodiert wegen irgendwelcher Gefühle. Dennoch tun wir in diesem Zustand höchster Erregung vielleicht Dinge, die wir später bereuen. Dabei können uns die Gefühle an sich keinen Schaden zufügen, sondern nur die Handlungen, die wir aufgrund der Gefühle vollziehen, oder mit denen wir versuchen, unangenehme Gefühle möglichst schnell wieder loszuwerden. (Erinnern Sie sich an den Heroinabhängigen.)

Mit den Gefühlen verhält es sich ähnlich wie mit den Gedanken. Wir klassifizieren sie in gut und schlecht oder angenehm und unangenehm. Die guten und angenehmen wollen wir haben, die anderen empfinden wir als störend

und lästig. Dabei gehören sowohl die guten als auch die schlechten Gefühle zum Leben.

Wenn man verinnerlicht hat, dass es gut ist, Gefühle – welcher Art auch immer – zu haben, steigt die Akzeptanz und der Widerstand sinkt. Dessen wird man sich vor allem dann bewusst, wenn man mit Patienten mit einer sogenannten »endogenen Depression« spricht, die nicht traurig sind, sondern denen jegliche Emotion abhanden gekommen ist. Wenn man diese Patienten fragt, welches Gefühl sie gerne hätten, antworten sie häufig, dass es ihnen egal ist, ob dies ein gutes oder ein schlechtes Gefühl ist, Hauptsache, sie können überhaupt etwas empfinden.

2.3 Akzeptanz und Bereitschaft

Der Dichter Charles Baudelaire widmet ein ganzes Buch mit dem Titel »Les Fleurs du Mal« (»Die Blumen des Bösen«) eher unschönen Gefühlen. Darin beschreibt er, wie intensiv und wertvoll Gefühle sein können, welche die Allgemeinheit eher als wenig angenehm bezeichnet. Auch viele andere Poeten und Schriftsteller sind davon überzeugt, dass man vor allem aus negativen Erfahrungen heraus die besten Bücher schreiben kann.

Wer also bewusst lebt, erlebt auch Gefühle. Vermeintlich gute und schlechte Gefühle sind jedoch miteinander verbunden wie Licht und Schatten. Sie sind nicht voneinander zu trennen. Beobachten Sie sich einmal selbst, wenn Sie in der Sonne stehen. Ihre Vorderseite ist hell und warm, die Rückseite ist dunkel und kühl und wirft einen Schatten. Es ist aber ein und derselbe Mensch, der dies auslöst.

Nach dem warmen Duschen folgt immer ein etwas kaltes Abtrocknen.

Nach dem heißen Sonnenbad ist das Schwimmen im kalten Meer immer mit einem leichten Schauer verbunden.

Auf das mit Freizeit angefüllte Wochenende mit Wohlfühlcharakter folgt immer der mit Arbeit gefüllte Montag. Beides ist gleich wertvoll, wenn man wahrnimmt, dass sowohl die Freizeit am Wochenende als auch das Arbeiten am Montag Teile des Lebens sind, wenn man beides achtsam wahrnimmt, ohne zu bewerten, und erkennt, wie wunderbar es ist, jeden Augenblick lebendig zu sein. Meist kann man das eine ohne das andere gar nicht schätzen, beides ist gleich gut.

Computer funktionieren und haben keine Gefühle. Möchten Sie ein Computer sein?

Möchten Sie das »Tote Meer« sein, flach wie ein Spiegel, ohne Wellen und ohne Emotionen, oder möchten Sie die »Nordsee« sein, mit Wellenbuckeln und ungeahnten Tiefen?

Den Gefühlen allzu viel Bedeutung beizumessen, kann auch gefährlich sein:

Stellen Sie sich vor, Sie haben eine gut funktionierende Ehe und haben schon vieles zusammen aufgebaut. Sicherlich werden in Ihrer Ehe Tage kommen, da fühlen Sie: »Ja, ich liebe meine Frau«, und dann aber kommen Tage wie:

»Ja, ich liebe meine Frau nicht mehr«. Was würden Sie nun machen, wenn Sie Ihren Gefühlen eine große Bedeutung zuschreiben? An den schlechten Tagen ausziehen, und an den guten Tagen wieder einziehen? Die Verwirrung wäre total; ihr Leben ein Chaos.

Sie wären wie eine Flasche auf hoher See, die von den Wellen des Meeres ziellos hin und her getragen wird.

Eine bessere Art und Weise, wie Sie mit Ihren Gefühlen in Ihrem Leben umgehen können, verdeutlicht die folgende Geschichte:

Metapher vom Kartenspiel

Mal haben Sie ein gutes Blatt, mal haben Sie ein schlechtes Blatt. Sie können sich bei dem guten Blatt freuen und bei dem schlechten Blatt ärgern. Sie können sich auch fragen: »Warum ist das so?« Schlechte Karten könnten Sie hinwerfen und das Spiel beenden. Sie können aber auch Ihr Kartenblatt so annehmen, wie es ist, und sagen: »Es geht nicht darum, ein gutes oder ein schlechtes Blatt zu haben, es geht darum, mit den Karten zu spielen.«

Sie könnten also durchaus Ihr Leben ein bisschen mehr wie ein Kartenspiel sehen.

Ein zentraler Leitsatz, der charakteristisch in ACT, charakteristisch für die Akzeptanz ist, lautet wie folgt:

»Ändere, was du ändern kannst und willst, nimm an, was du nicht ändern kannst und lerne, das eine von dem anderen zu unterscheiden.«

Diese Erkenntnis findet man in ähnlicher Weise in religiösen Texten: »Gott, gib mir die Gelassenheit, Dinge anzunehmen, die ich nicht ändern kann und die Weisheit, das eine von dem anderen zu unterscheiden.«

Dieser sogenannten dichotomen Teilung sollte man sich quasi immer bei allen Handlungen, Gedanken und Gefühlen bewusst sein.

Wenn ich etwas nicht ändern kann, muss ich es hinnehmen.

Ein häufig verbreitetes Phänomen der fehlenden Akzeptanz sowie die Unfähigkeit, den genannten Leitsatz im Alltag umzusetzen, ist das »sich ärgern«. Wir ärgern uns über das vermeintlich schlechte Wetter, den zu langsamen Autofahrer vor uns, die rote Ampel, den verlorenen Geldbeutel ... Letztlich handelt es sich dabei jedoch um völlig unnötige und auch schädigende und ungesunde Emotionen. Die genannten Dinge können wir nicht ändern, aber wenn wir bereit sind, sie gelassen anzunehmen, hält das psychischen Schaden von uns fern.

Der Gegenspieler der Akzeptanz ist die ***Kontrolle***.

Kontrolle ist etwas, was unsere gesamte Gesellschaft wie ein roter Faden durchzieht, und was wir seit frühester Kindheit kennen und anerzogen bekommen haben. Wer von uns hat nicht schon einmal Sätze gehört, wie: »Du brauchst doch nicht zu weinen!« Oder: »Ein Indianer kennt keinen Schmerz.« Dabei sind die wenigsten jemals einem Indianer begegnet, geschweige denn, dass sie diesen gefragt haben, ob er denn tatsächlich keinen Schmerz kenne. Diese Einstellung wird jedoch von vielen geteilt und uns anderen als erstrebenswert vorgelebt. Diese Menschen scheinen alles unter Kontrolle zu haben, wir sehen sie selten weinen wie ein Kind. Wir sehen aber auch fast nie, welchen Preis sie oftmals für die Kontrolle ihrer Gedanken und Gefühle zahlen: Zu viel Alkohol, zu viele Zigaretten, übermäßiges Essen, übermäßiges Arbeiten, exzessives Sporttreiben, um nur einige Vermeidungsstrategien zu nennen, die betrieben werden, um negative Gefühle zu vermeiden, gar nicht erst erleben zu müssen, und vor allem, sie nicht nach außen hin zu zeigen und sie stets im Zaum zu halten.

Es ist einer unserer Ansprüche, alles unter Kontrolle zu haben, vor allem unsere Gefühle und unsere Gedanken. Dummerweise handelt es sich bei diesen beiden Sinneszuständen um gerade diejenigen, die wir am wenigsten kontrollieren können. Der Versuch, sie unter Kontrolle zu halten, benötigt unglaublich viel Kraft und macht den Menschen völlig unfrei. Aus diesem Grund befinden wir uns häufig in einer Art ***Kampfmodus***.

Übung, gegen den Kampfmodus anzugehen

Für diese Übung benötigen Sie eine zweite Person. Stellen Sie sich einem anderen Menschen gegenüber. Beide strecken ihre Arme aus und drücken so fest es geht gegeneinander. In dieser Position versuchen Sie nun, mit ihrem Gegenüber ein Gespräch zu führen. Sie werden feststellen, wie anstrengend dies ist. Dann treten Sie zurück und beenden das Drücken. Sofort tritt Entlastung ein, und das Führen eines Gespräches wird wesentlich einfacher. Durch die veränderte Position haben Sie quasi den Kampfmodus verlassen.

Folgende Geschichte verdeutlicht Kämpfen: Sie stehen vor einem großen Graben. Auf der anderen Seite steht ein hässliches Monster. Mit diesem sind Sie durch ein Seil verbunden. Je mehr Sie ziehen, umso mehr zieht Ihr Gegenüber. Sie sind aber schwächer und je mehr Sie ziehen, umso näher kommen Sie dem Abgrund. In diesem Zusammenhang gilt es, zu verstehen, dass der Sieg nicht darin besteht, das Tauziehen zu gewinnen, sondern dass die einzige Konsequenz lautet, das Seil loszulassen, da dies die letzte Chance ist, nicht in den Graben zu fallen.

Neben unserem stetigen Versuch, unsere Gefühle, unsere Gedanken und unser Leben zu kontrollieren, steht der unbedingte Wille, negative Gefühle erst gar nicht zulassen zu wollen.

Leider gilt aber hier der Satz: ***»Wenn Sie etwas nicht haben wollen, dann haben Sie es«***. Dies verhält sich mit den Gefühlen genauso wie mit den Gedanken. Stellen Sie sich zum Beispiel vor, dass ich Ihnen folgenden Satz sage: »Denken Sie nicht an einen rosa Elefanten.« Bis zu dem Zeitpunkt, als ich dies äußerte, haben Sie mit großer Wahrscheinlichkeit nicht an einen rosa Elefanten gedacht. Jetzt, nachdem ich es Ihnen verboten habe, geht er Ihnen wahrscheinlich für eine gewisse Zeit gar nicht mehr aus dem Kopf. So ist es mit vielen unseren Gefühlen und Gedanken. Je mehr wir versuchen, sie nicht haben zu wollen, umso mehr beschäftigen sie uns in einer Art Endlosschleife. Einfacher wäre es, sie einfach anzunehmen, da sein zu lassen, wo sie gerade sind.

2.3 Akzeptanz und Bereitschaft

Hier möchte ich nun die Verbindung zu unserem Verstand herstellen. Wie ich bereits weiter oben dargestellt habe, stehen alle Punkte aus dem Sechseck miteinander in Verbindung. Der Verstand, unsere Denkmaschine, sagt uns permanent voraus, was alles passieren kann, und gibt uns alle möglichen Strategien an die Hand, möglichst unangenehme Situationen oder Gefühle erst gar nicht aufkommen zu lassen. Dies jedoch ist unglaublich anstrengend und stellt einen permanenten Kampf dar (Kampfmodus).

Häufig beginnt Akzeptanz mit der Erkenntnis, dass unsere bisherigen Bemühungen im Leben, negative Gefühle und Gedanken loswerden zu wollen oder gewisse Lebenssituationen zu vermeiden, sinnlos waren und nicht oder nur unzureichend funktioniert haben.

An dieser Stelle ist es sinnvoll, sich eine ***Liste*** anzufertigen, die unsere bisherigen Anstrengungen enthält, die wir getätigt haben, um gewisse unangenehme Zustände oder Lebensereignisse zu vermeiden.

Ich möchte Sie ermutigen, nun eine entsprechende Liste über Ihre Bemühungen anzufertigen, negative Gefühle, Gedanken oder Situationen loszuwerden, um einen Überblick darüber zu bekommen, was alles nicht funktioniert hat.

Wenn wir diese Liste angefertigt und erkannt haben, dass vieles sinnlos war, und dass es notwendig ist, diesen Kampf zu beenden, erreichen wir einen Zustand, den man in ACT als ***kreative Hoffnungslosigkeit*** bezeichnet.

Zuvor soll jedoch die folgende Metapher widerspiegeln, auf welche Art und Weise wir bisher gekämpft haben:

Ein Raum voller Isolierband

Mein Leben ist wie das Zimmer eines Hauses. Eines Tages bemerke ich, dass es aus einem Rohr in der Ecke tropft. Das Blubb der kleinen Wassertropfen machte mich immer nervöser, das muss aufhören. Ich repariere die kleine undichte Stelle mit Isolierband. Wunderbar. Ruhe. Nach einiger Zeit hat das Wasser aber wieder seinen Weg durch das Isolierband gefunden und das Tropfen ist zurück: Blubb ... Blubb. Wieder nehme ich Isolierband, repariere die Stelle neu, diesmal dicker. Erfolg! Es ist ruhig. Doch: Ruhe und Frieden dauern nicht lange. Und so wickle ich weiter und weiter. Das ist kein großes

Problem, denn Isolierband ist billig und das Umwickeln kostet nur wenig Zeit. Mittlerweile habe ich schon vorsorglich viele Rollen als Vorrat angeschafft. So geht das über Wochen, Monate, ja sogar Jahre. Immer für kurze Zeit erfolgreich, immer relativ leicht zu beheben. Und immer dicker ist die Umwicklung geworden. Weil es so nur allmählich, so schleichend dicker wurde, habe ich die tatsächliche Vergrößerung gar nicht richtig bemerkt. Eines Tages fällt mir auf, werde ich mir bewusst: Ich habe immer weniger Platz in meinem Zimmer. Die Umwicklung ist mittlerweile riesig und bedrückend geworden, ich sitze ziemlich nahe an dem immer wieder und wieder durchsickernden Wasser. Und wenn das so weitergeht, wird der ganze Raum mit dieser monströsen Umwicklung erfüllt sein und ich liege oder stehe irgendwo völlig eingeengt und es tropft trotzdem weiter: Blubb … Blubb.

Diese Metapher verdeutlicht, dass unsere Bemühungen um Kontrolle unveränderbarer Tatsachen auch durch die größten Kampfanstrengungen sinnlos sind. Wenn wir jedoch all unsere bisherigen, nicht funktionierenden Bemühungen aufgeben, führt dies zu dem Zustand der kreativen Hoffnungslosigkeit.

*»**Kreative Hoffnungslosigkeit**«* ist keinesfalls etwas Negatives.

*»**Hoffnungslos**«* bedeutet in diesem Zusammenhang keineswegs, dass mein Zustand oder meine Zukunft hoffnungslos ist. Hoffnungslosigkeit bezieht sich auf all meine Bemühungen in der Vergangenheit, die ich unternommen habe, meine Probleme zu lösen – und die nicht funktioniert haben.

In diesem Zusammenhang möchte ich betonen, dass es nicht sinnvoll ist, herausfinden zu wollen, was in der Vergangenheit richtig oder falsch, gut oder schlecht war. Unser Verstand wird uns hier mit Sicherheit unendlich viele Varianten produzieren und in Endlosdenkschleifen treiben (Grübeln). Viel sinnvoller ist es jedoch, sich die Frage zu stellen:

»Wie hat es funktioniert, was sagt mir die Erfahrung?«

2.3 Akzeptanz und Bereitschaft

Wenn ich unter dem Aspekt der Funktionalität mein Leben überprüfe, dann werde ich zweifelsohne herausfinden, was alles nicht funktioniert hat. Dies gilt es, zu erkennen, um dann bereit zu sein, uns von den nicht funktionierenden Methoden und unseren nicht funktionierenden Strategien zu verabschieden. Die Erkenntnis, dass wir gekämpft haben und vieles einfach nicht funktioniert hat, spiegelt sich in dem Wort Hoffnungslosigkeit wider. »Hoffnungslos« nämlich waren unsere alten Bemühungen.

Und jetzt kommt das Wort ***»kreativ«*** ins Spiel. Wir müssen uns etwas Neues überlegen, etwas, das wirklich funktioniert. Nachdem wir festgestellt haben, dass die alten Wege, die wir gegangen sind, nicht zielführend waren, geht es nun darum, neue zu erschließen. Um mit den Worten der »Metapher des Menschen im Loch« zu sprechen, bedeutet dies, dass wir die Schaufel beiseite legen müssen.

Wie bereits dargestellt, ist der Gegenspieler von Akzeptanz das Bedürfnis nach Kontrolle, vor allem aber nach der Vermeidung negativer Gefühle. Häufig ist jedoch gerade die Bereitschaft, negative Gefühle zu akzeptieren die Voraussetzung dafür, ein wertebasiertes Leben führen zu können und in Bewegung zu kommen bzw. zu bleiben.

Metapher vom Menschen im Keller

Stellen Sie sich vor, Sie sitzen in einem abgedunkelten Kellerraum auf einem Toilettenstuhl, haben einen Blasenkatheter und werden künstlich ernährt. Sie müssen und können Ihren Kellerraum nicht verlassen. Der Vorteil ist: Sie werden sich wahrscheinlich nicht an Bakterien oder Viren infizieren, Sie werden sich nicht über Ihre Frau, Kinder, Freunde oder Nachbarn ärgern, Sie werden sich nicht beim Sport verletzen, Sie werden keinen Sonnenbrand bekommen, um einige Beispiele zu nennen. Die Frage ist aber: Wollen Sie Ihr Leben in einem abgedunkelten Kellerraum, auf einem Toilettenstuhl sitzend, abgeschottet von der Umwelt, verbringen? Das ist sicherlich kein erstrebenswerter Zustand. Also müssen Sie nach draußen, ans Tageslicht treten. Dann werden Sie viele wertvolle Dinge erleben, aber natürlich auch unangenehme Gefühle und Situationen erleiden. Wenn Sie die Bereitschaft entwickeln, diese negativen Emotionen, Gedanken und Situationen zu akzeptieren und nicht

ständig dagegen anzukämpfen und dem Gefühl Platz machen, halten Sie Ihr Leid auf einem Minimum, was letztendlich den Preis des Lebens ausmacht.

Metapher vom sauberen und dreckigen Leid:

Das saubere Leid ist der Preis dafür, dass wir leben. Kein Mensch und kein Therapeut kann dieses Leid minimieren. Dreckiges Leid entsteht dadurch, dass man nicht bereit ist, sauberes Leid zu akzeptieren. Man könnte auch sagen: ***»Sauberes Leid ist Leid erster Ordnung, dreckiges Leid ist Leid zweiter oder dritter Ordnung.«***

Folgendes Beispiel: Ein Schreiner verliert bei seiner Arbeit drei Finger seiner rechten Hand. Er kann seinen Beruf nicht weiter ausüben. Das ist Leid erster Ordnung, quasi »natürliches oder sauberes Leid«. Nichts und niemand kann dies minimieren. Es ist der Preis oder das Risiko dafür, dass er sich für diesen Beruf entschieden hat. Wenn er es dabei belässt und »sein Schicksal« quasi annimmt, bleibt es bei diesem natürlichen Leid. Dies ist der Preis des Lebens. Wenn dieser Mann dies nicht annehmen oder aushalten kann, und beginnt zu trinken, schafft er weiteres Leid zweiter Ordnung, »dreckig«. Er kann dies noch weiter steigern, wenn er sich mit Frau und Kindern zu streiten beginnt, soziale Kontakte vernachlässigt usw.

Häufig ist es im Leben so, dass Sie eine Entscheidung fällen, einen neuen Weg einschlagen, weil Sie festgestellt haben, dass Ihr aktueller Weg nicht mehr Ihren persönlichen Werten entspricht. Die Änderung Ihres Lebensweges ist aber oftmals damit verbunden, dass Sie unangenehme Gedanken und Gefühle in Kauf nehmen müssen, möglicherweise auch unangenehme Reaktionen Ihrer Umgebung. Sind Sie hierzu bereit? Wenn nicht, werden Sie Ihre Komfortzone nie verlassen. Sie werden dann aber auch in Ihrem Leben nichts Relevantes verändern und werden keine neuen Erfahrungen machen. Gerade Letzteres ist lebensbereichernd und vielleicht der zentrale Vorteil des Alterns.

Dies verdeutlicht uns folgende Metapher:

Gäste im Bus

Stellen Sie sich vor, Sie sitzen am Lenkrad eines Busses. Es handelt sich hierbei um Ihren Lebensbus. Und nun stellen Sie fest, dass Sie mit dem Bus auf einem Platz stehen, der Ihnen nicht mehr gefällt. Dann kommt Ihnen der Gedanke, den Bus zu starten und loszufahren, um zu einem Platz zu kommen, der Ihnen besser gefällt. Das Problem bei der Sache ist jedoch: Sie sind nicht alleine im Bus. Hinten, im Fond des Busses, sitzen einige Fahrgäste. Diese Fahrgäste sind nicht schön anzusehen. Sie sind hässlich, stinken, vielleicht sagen sie auch Dinge, die Ihnen nicht gefallen. Solange Sie inaktiv sind, den Bus nicht starten, und somit auch Ihren alten Parkplatz, der Ihnen nicht gefällt, nicht verlassen, bleiben die Gäste hinten im Bus. Sie müssen sich nicht mit ihnen auseinandersetzen und Sie müssen diese auch nicht ertragen. Sobald Sie aber

starten, um einen anderen Platz anzusteuern, auf dem Sie für eine gewisse Zeit oder vielleicht auf Dauer stehen möchten, kommen diese unliebsamen Gäste nach vorne zu Ihnen. Wenn Sie fahren wollen, müssen Sie bereit sein, die Anwesenheit, den Geruch und das Gerede Ihrer unliebsamen Gäste zu ertragen. Das mag Ihnen vielleicht am Anfang etwas schwerfallen. Aber ich sage Ihnen, nach einer gewissen Zeit wird es leichter. Vielleicht stellen Sie auch fest, dass die Gäste gar nicht so schlimm sind, wie Sie anfänglich dachten. Und vielleicht ist es so, dass, wenn Sie einmal anhalten mit Ihrem Bus und die Tür öffnen, einige oder alle Gäste aussteigen werden.

2.3 Akzeptanz und Bereitschaft

Eine weitere recht eindrückliche Übung zu dem Thema Akzeptanz ist die folgende:

Aus dem »aber« ein »und« machen

Durch viele Patientengespräche, aber auch Gespräche mit Freunden oder Bekannten bin ich zu der Überzeugung gelangt, dass wir eine »Aber-Gesellschaft« sind. Viele unserer Sätze enthalten das Wort »aber«. Dieses Wort »aber« ist jedoch ausschließend, macht uns unfrei und reduziert unsere Bereitwilligkeit zu Veränderungen. »Ich würde ja gerne mit der Ausbildung beginnen, aber ich habe Angst, sie nicht zu schaffen«, wäre ein typischer »Aber-Satz«. »Ich würde ja gerne mit Sport beginnen, um schlanker zu werden, aber ich bin nicht der Typ dafür«, ein anderer. Oder auch: »Ich würde ja gerne mal alleine auf eine Party gehen, aber ich glaube, dass ich da keine gute Figur abgeben würde.«

Sie sehen, was das Wort »aber« anrichtet. Die Alternative ist: Ersetzen Sie »aber« durch »und«! Für die oben genannten Beispiele würde das bedeuten: »Ich habe Angst, meine Ausbildung nicht zu schaffen – und beginne sie trotzdem«, »Ich bin nicht der Typ für Sport und beginne dennoch damit, weil ich schlank werden möchte«, »Ich denke, dass ich ohne Partner auf der Party keine gute Figur abgebe – und gehe dennoch hin.«

»Und« bedeutet, bereit zu sein, Dinge zu tun, trotz unangenehmer Gefühle oder schlechter Gedanken. Dies beinhaltet auch, etwas zu tun, egal wie die Sache ausgehen wird. Dies ist die Voraussetzung, dabei zu sein, wieder im Leben zu sein, teilzuhaben.

Bereits weiter oben habe ich angedeutet, dass wir sehr viel Energie darauf verwenden, Gedanken, Gefühle oder auch – ganz allgemein – Dinge des Lebens unter Kontrolle zu behalten. Wie bereits mehrfach dargestellt, ist dies einerseits sehr anstrengend und andererseits häufig überhaupt nicht möglich. Eine solche Haltung schränkt unser Leben enorm ein, da wir hierbei überwiegend mit dem Kämpfen und Bekämpfen beschäftigt sind.

Eine bessere Alternative ist es, den Versuch der Kontrolle durch die Erhöhung der Akzeptanz zu ersetzen. Dies wird anschaulich in folgender Metapher dargestellt:

Metapher der kommunizierenden Röhren

Die erste Röhre steht für die Kontrolle, die zweite für die Akzeptanz. In den Röhren befindet sich ein Ball. Wenn der Ball in der ersten, also der für die Kontrolle, unten ist, ist der Ball in der zweiten, also der für die Akzeptanz, oben. Wenn ich den Ball in der Röhre für die Kontrolle nach unten drücke, ist die Kontrolle hoch. Wenn dann der Ball für die Akzeptanz in der zweiten nach oben geht, ist die Akzeptanz gering. Das Besondere an der erstgenannten Röhre ist jedoch, dass der Ball nicht unten bleibt. Sobald ich aufhöre zu drücken, geht der Ball wieder nach oben, und die Kontrolle nimmt zu, also ist die Folge eine permanente Arbeit und Anstrengung. Drücke ich aber den Ball in der zweiten Röhre, also der Akzeptanz, nach unten und erhöhe somit diese, sinkt der Ball der Kontrolle nach oben, d.h. meine Anstrengung, alles kontrollieren zu müssen, nimmt ab. Das Besondere an der zweiten Röhre, die der Akzeptanz, ist aber, dass der Ball unten bleibt, auch wenn ich nicht mehr drücke, und dass ich nicht permanent kämpfen muss, anders als bei der ersten, bei der ich immer drücken muss, wenn ich alles unter Kontrolle haben und den Ball immer unten halten möchte.

Abschließend möchte ich zu diesem Kapitel noch einen Denkanstoß geben.

Akzeptanz als Gegenspieler des permanenten Versuches, alles unter Kontrolle zu haben und halten, ist die Annahme folgender innerer Haltung:

»Die Dinge im Leben verlaufen nach gewissen vorgegebenen Regeln«

Wir Menschen kennen diese Regeln nicht. Wenn wir gläubig sind, fällt es uns leichter, diese Regeln anzunehmen und mit Gott in Verbindung zu bringen. Dahinter steckt die Erkenntnis, dass wir nicht alles kontrollieren und beeinflussen können und vor allem auch nicht müssen. Es gibt ein darüberstehendes, höheres System, das gewisse Dinge für uns regelt. Ich meine hier bei Weitem nicht, dass wir in einen passiven Nihilismus verfallen sollen. Im

Gegenteil, es ist erstrebenswerter, uns zu bemühen, in allen Wertebereichen ein Leben nach unseren Vorstellungen zu verwirklichen. Wenn dann aber trotz aller Bemühungen das eine oder andere eintreten sollte, was so gar nicht auf unserem Plan stand, dann ist es nicht zu ändern und sollte so sein. Diese gelassene, innere Haltung hilft uns dabei, aufzuhören zu glauben, dass wir alles beeinflussen und kontrollieren müssen und können. Es fördert die Akzeptanz und die Annahme von unveränderbaren Umständen oder negativen Gedanken und Gefühlen, wie sie womöglich bei der Verfolgung unserer Ziele als unveränderbarer Umstand auftreten werden.

2.4 Abstand zu den Gedanken (Defusion)

Defusion, watch your thinking: Defusion steht für Entschärfung, Abstand gewinnen, auf die Gedanken schauen, den Gedanken die Macht nehmen.

In unserer Gesellschaft wird unserem Verstand sehr viel Wichtigkeit zugeschrieben. Der Verstand ist sicherlich nützlich, wenn es darum geht, Probleme in der Außenwelt zu lösen. Wir könnten ohne unseren Verstand den Alltag nicht bewältigen und auch nicht unseren Arbeitsanforderungen nachkommen. Wenn es aber darum geht, unser eigenes Wohlbefinden zu steigern, in unsere Mitte zu gelangen, um ein werteorientiertes zufriedenes Leben zu führen, ist unser Verstand hierbei oft unser ärgster Feind. Aber wieso?

2.4 Abstand zu den Gedanken (Defusion)

Zu Beginn sollte man, wenn es um uns selbst geht und unser inneres Erleben, das Wort »Verstand« besser durch andere Wörter ersetzen. Beliebte Wörter in ACT hierfür sind:

»Denkmaschine«

»O-je-mi-ne-Radio«

Wenn Sie einmal genau in sich hineinhören, dann werden Sie feststellen, dass Ihnen Ihre Denkmaschine permanente Botschaften präsentiert, sowohl über Sie selbst, als auch über Ihre unmittelbare Umgebung und die Menschen um Sie herum. Ihre Denkmaschine beschreibt, vergleicht und bewertet immerzu.

...plapper...plapper...plapper... Es ist ein permanenter Tumult in unserem Kopf, ein Gewimmel und Gewusel.

Um uns dieses permanente Geplapper unserer Denkmaschine zu verdeutlichen, gibt es eine Übung, für welche man einen Partner benötigt:

Mit dem Verstand spazieren gehen

Sie gehen mit Ihrem Partner spazieren und versuchen, einfach nur zu beobachten, ohne zu denken. Das Denken übernimmt Ihr Partner, der hinter Ihnen geht und permanent das beschreibt, was Sie gerade sehen: Er sagt Dinge wie: »Ach, das sieht aber schön aus, das gefällt mir nicht so gut, das riecht süßlich, die Blume hier ist schön, der Weg ist schlecht gepflastert ...« Sie werden bemerken, wie schwer es Ihnen fällt – bei dem Geplapper Ihres Partners – nur zu beobachten, ohne sich von ihm bzw. Ihren Gedanken irritieren zu lassen. Dann tauschen Sie die Rollen.

Es ist leider so, dass die meisten Botschaften, welche die Denkmaschine produziert, eher nicht positiv sind. Der Verstand bewertet die Vergangenheit und versucht, die Zukunft vorauszusagen und auf mögliche Gefahren hinzuweisen.

Besonders ausgeprägt ist dies, wenn man morgens wach wird. Dann gehen einem häufig alle möglichen Dinge durch den Kopf. Möglicherweise beginnt man auch, über das eine oder andere zu grübeln. Für Menschen, die an einer Depression leiden, ist diese Tageszeit die schlimmste. Man spricht auch von einem Morgentief.

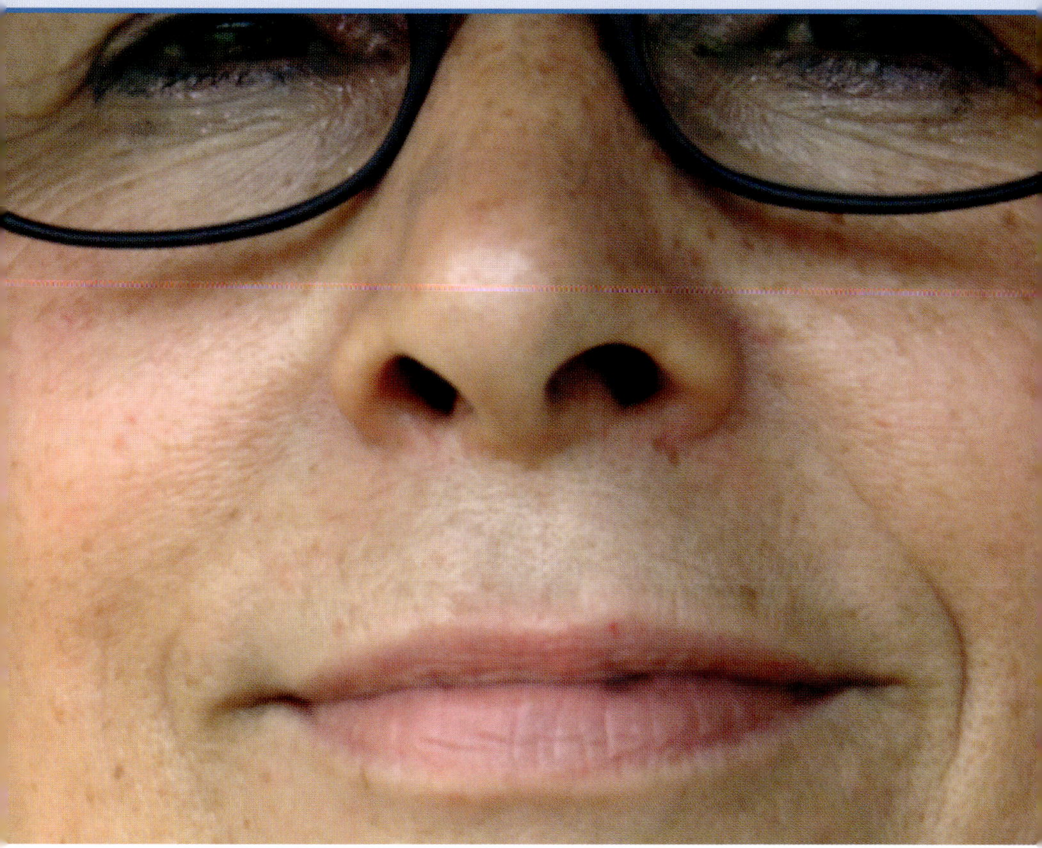

Aber warum ist das so?

Verstand besteht aus Wörtern. Gesprochen ist dies Sprache, geschrieben Schrift und gedacht Gedanken.

Nun stellen Sie sich die ***Wiege der Menschheit*** vor. Als die ersten Menschen um das Feuer saßen und begannen, erste Wörter und Sätze zu formulieren, waren das sicherlich nicht Sätze, wie: »Ach, mein Schatz, du hast so schöne blaue Augen.« Die ersten gesprochenen Sätze werden vielmehr zum einen warnend gewesen sein, wie: »Das Feuer ist heiß, das Mammut gefährlich …«, und zum anderen haben die Wörter und Sätze auch dazu gedient, dass die Menschen in die Lage versetzt wurden, in Clans zusammenzuleben, wo sie

sich verständigen konnten. Dies rettete das Überleben. Dazu war es aber notwendig, sich selbst und andere zu bewerten. Diese Hauptcharaktereigenschaften des Verstandes bestehen auch noch heute in der gleichen Form.

Ein weiteres Problem ist, dass wir mit unserer Denkmaschine ***verschmolzen*** sind. In der ACT-Sprache heißt dieser Vorgang ***Fusion***.

Dies bedeutet, dass wir, wenn wir einen Gedanken haben, wir uns diesen quasi »abkaufen«, d.h. alles das, was die Denkmaschine äußert, nehmen wir für bare Münze. Wir haben keinen Abstand zu der Denkmaschine. Wenn diese zum Beispiel Sätze produziert, wie: »Das schaffe ich nie, heute sehe ich aber extrem schlecht aus«, dann sind wir der festen Überzeugung, dass dies auch so ist.

Wir hängen am ***Haken der Gedanken***.

Ein weiteres Phänomen der Wörter, die unsere Denkmaschine produziert, ist, dass die Wörter auch mit ***Emotionen und Bildern*** verbunden sind. Wenn Sie zum Beispiel an das Wort ***Milch*** denken, kommen Ihnen bestimmt manche Bilder in den Sinn, wie zum Beispiel eine Kuh oder eine weiße Flüssigkeit.

Denken Sie doch mal daran, was passiert, wenn Sie einen spannenden Krimi lesen. Obwohl Sie nur Wörter lesen, sind Sie wie gefangen in dem Roman. Sie entwickeln Gefühle und vegetative Reaktionen, so, als wären Sie live dabei.

2.4 Abstand zu den Gedanken (Defusion)

Was die Gedanken oder der Verstand mit uns machen, verdeutlicht folgende Geschichte:

Metapher vom Dornenstrauch

Wir kommen als Baby auf die Welt. Wir können nicht sprechen und verstehen auch nicht viel. Wenn wir aber satt sind, wir es schön warm haben und die Eltern in unserer Nähe wissen, dann sind wir glücklich, ähnlich wie ein Hund oder eine Katze, deren Grundbedürfnisse befriedigt sind. Wir sind wie ein zartes Pflänzchen mit vielen kleinen grünen Blättern und bunten Blüten, weichen Zweigen, verletzlich und schutzbedürftig. Und dann beginnen wir zu lernen, mithilfe der Eltern, der Schule, der Freunde, der Gesellschaft. Wir erlernen die Sprache, wir lernen zu denken, zu verstehen, und in der Folge unweigerlich uns und andere zu bewerten. Der Preis ist jedoch, dass oftmals aus dem kleinen zarten Bäumchen mit grünen Blättern ein großer, harter, kahler Dornenbaum geworden ist.

Unser Verstand ist sicherlich gut, wenn es darum geht, die »Außenwelt«, also das aktive Leben zu gestalten und realistische Probleme zu lösen. Wenn es aber um uns geht, also den Teil, der zwischen unseren beiden Ohren liegt, sollten wir wissen, dass der Verstand häufig unser stärkster Gegner dabei ist, ein erfülltes und glückliches Leben zu führen.

Studien haben gezeigt, dass insbesondere in der Vorhersage der Zukunft 90 % dessen, was uns unser Verstand präsentiert, nie eintreten wird.

Es muss uns also gelingen, unsere Gedanken, wenn notwendig, zu ***entschärfen***, ihnen quasi die Macht zu nehmen. Natürlich kann man einem schönen Gedanken besondere Aufmerksamkeit schenken. Aber Gedanken, die uns immer weiter von unseren Zielen entfernen, sollten wir entkräften und ihnen somit die Macht nehmen.

Aber wie geht das?

Wie im vorangegangenen Abschnitt dargestellt, ist es häufig so, dass wir mit unseren Gedanken verschmolzen, also fusioniert sind. Wir kaufen uns nur allzu gern unsere negativen Gedanken ab. Wir haben keinen Abstand zu ihnen. Wir sind unsere Gedanken.

Das Ziel ist es, Abstand zu unseren Gedanken zu bekommen, zumindest zu denen, die für uns nicht hilfreich sind, die uns von unseren Zielen entfernen oder wegziehen wollen. Wir müssen lernen, Gedanken als das wahrzunehmen, was sie sind, als etwas, was unsere Denkmaschine produziert, aber nicht das, was wir selbst sind. Abstand zu bekommen, die Gedanken zu entschärfen, heißt Defusion.

2.4 Abstand zu den Gedanken (Defusion)

Der zentrale Leitsatz lautet:

»Ich habe einen Gedanken, aber ich bin nicht meine Gedanken.«

Dies verdeutlichen folgende Metaphern:

Ich bin das Haus, und die Gedanken sind die Möbel.

In meinem Haus kann ich die Möbel verschieben, wie ich das möchte. Wenn mir ein Möbelstück nicht mehr gefällt, werfe ich es weg und kaufe mir ein neues.

Ich bin die Arena, die Gedanken sind die Spieler.

Wenn ich die Arena bin, kann ich von außen auf die Spieler, also die Gedanken draufschauen. Ich bin nicht im Spiel mit dabei. Ich kann nicht verletzt werden, die Arena ist der Ort, in dem alles passiert.

Ich bin das Schachbrett, die Spieler sind meine Gedanken.

Gelassen trage und beobachte ich die Figuren. Ich habe mit dem Kampf da oben nichts zu tun. Wäre ich jedoch eine Figur, zum Beispiel der König, dann müsste ich mitkämpfen, müsste mit den anderen Gedanken, Figuren mitstreiten und könnte unter Umständen ein Opfer werden. Dies alles kann mir als Schachbrett nicht passieren.

Gedanken wie Schmetterlinge

»Meister, oft werde ich von Gedanken und gefühlsmäßigen Zuständen geplagt und beherrscht. Was kann ich dagegen tun?«

»Hör auf, etwas dagegen (!) zu tun. Nur ein Anfänger kämpft gegen das Wasser. Ein Schwimmer lernt, sich tragen zu lassen und bestimmt so, wie es der Wellengang zulässt, seine Richtung.«

»Halte die Gedanken wie einen Schmetterling, der ohne dein Zutun auf deiner Hand gelandet ist: leicht. Wenn du ihn für eine Zeit behalten möchtest, schließe deine Hand freundlich und sanft. Deine faustförmige Haltung hat einen möglichst großen Spielraum innen. Dann öffne langsam deine Hand wieder.

Ziel ist es zu lernen, den Gedanken die Macht zu nehmen, die Gedanken zu ***entschärfen (defusionieren)***. Wir müssen lernen, die Gedanken zu verdinglichen, sie zu beobachten, auf sie draufzuschauen, ihnen eine Gestalt zu geben.

Im Folgenden stelle ich einige Techniken vor, um die negativen Gedanken zu entschärfen und zu verdinglichen:

Hitliste der negativen Gedanken

Ich schreibe mir alle Gedanken auf, die mich immer wieder quälen, schaue mir diese an und beschäftige mich mit ihnen. Ich freunde mich quasi mit ihnen an, lerne sie bestens kennen und akzeptiere sie schließlich. Diese Methode entspricht quasi dem Gegenteil des sogenannten neurolinguistischen Programmierens.

Die Vorgehensweise ist hier: Ich möchte nicht einen negativen Gedanken durch einen positiven Gedanken ersetzen. Dies würde bedeuten, Gewehre mit Gewehren zu bekämpfen.

Habe ich eine Hitliste meiner negativen Gedanken erstellt, bedeutet dies, dass ich mir diese immer wieder vergegenwärtigen kann. Hänge ich mir diese Liste an den Kühlschrank oder lade sie als Bildschirmschoner auf meinen PC, ist sie stets sichtbar vor meinen Augen. Das Prinzip ist: »Wenn ich jeden Tag mein Lieblingsgericht esse, zum Beispiel Spaghetti, werden sie mir irgendwann zum Hals heraushängen.«

So verhält sich das auch mit der Hitliste meiner negativen Gedanken. Dadurch, dass ich sie immer sehe, gewöhne ich mich an sie und verliere irgendwann die Lust – auch wenn sie mir vorher noch so gut schmeckten – mich mit ihnen auseinanderzusetzen. Somit verlieren sie die Macht über mich.

Ich kann diese Hitliste auch verändern, kann Platz sieben auf Platz eins stellen, kann die Buchstaben darin verändern, ähnlich wie in dem Kinderlied: »Drei Chinesen mit dem Kontrabass«. Ich kann alle »I's« gegen »A's« tauschen und so den Klang des Textes verändern, um die Gedanken quasi zu Gegenständen werden zu lassen.

Raus mit der Sprache

Jeder hat schon einmal festgestellt: Teilen wir unsere Gedanken jemand anderem mit, wiegen sie gleich weniger schwer, und die Dinge werden uns bewusster. So ähnlich verhält sich dies auch, wenn wir sie einfach nur aufschreiben. Alleine dies schafft bereits Abstand zu unseren Gedanken und hilft dabei, diese zu versachlichen und zu verdinglichen. Aus diesem Grund wird auch in der Psychoanalyse empfohlen, Tagebuch zu schreiben, weil man die heilsame Wirkung des Aufschreibens erkannt hat. Schon diese einfache Intervention dient der inneren Befreiung (affektive Mobilisierung).

Ich setze vor den Gedanken in Gedanken den Satz:

»Ich habe den Gedanken …« Beispiel: Es geht mir durch den Kopf: »Ich schaffe das nicht.« Ich realisiere diesen Gedanken und denke ihn wie folgt neu: »Ich habe den Gedanken: Ich schaffe dies nicht.« Hiermit mache ich mir klar, dass ein Gedanke mit der Wirklichkeit erst einmal überhaupt nichts zu tun hat.

Der Verstand als Geschichtenschreiber

Stetig produziert unser Verstand die vielfältigsten Geschichten über uns, unser Können, besonders aber über unser Unvermögen. Wer kennt nicht Geschichten, die mit diesem Satz beginnen: »Ich bin ein Taugenichts, ich halte sowieso nicht durch, ich habe es einfach nicht drauf …« Unser Verstand ist sehr gut darin, solche Geschichten endlos weiterzuspinnen. Wenn ich nun bemerke, dass mir meine Denkmaschine wieder eine solche Geschichte vorgaukeln will, kann ich dem Einhalt gebieten, indem ich mir bewusst mache: »Vorsicht! Das ist nur wieder einmal die ›Du-schaffst-ja sowieso-nichts-Geschichte‹.« Es liegt aber in meiner Macht, diese zu verändern. Ich muss sie nicht einfach glauben. Ich kann sie umgestalten.

Der pragmatische Blick

Wenn ich vor jeden Gedanken, den ich als hemmend erlebe, und der versucht, mir den Weg in Richtung meiner Ziele und Werte zu erschweren, in Gedanken die Frage: »Was bringt mir das?« setze, entschärfe ich sofort diesen störenden Gedanken.

Mit dem Verstand zum Arzt gehen

Unser Verstand leidet oftmals unter typischen Erkrankungen, wie zum Beispiel die »Bewerteritis« oder »Rechthaberitis«. Mit »Bewerteritis« ist die Tendenz gemeint, alles und jeden bewerten zu müssen. »Rechthaberitis« möchte ausdrücken, dass jemand um jeden Preis Recht haben möchte, was immer das auch bedeuten mag.

Diesen Einschränkungen können wir wirkungsvoll begegnen, wenn wir immer dann, wenn wir merken, dass unser Verstand gerade wieder einmal eine Erkrankung bekommt, sagen oder denken: »Aha, unser Verstand leidet wieder einmal unter der Bewerteritis« ... Diese Erkrankung betrifft sowohl die anderen als auch vor allem uns selbst. Alles und jeder wird bewertet. Recht zu haben – so sagt es unser Verstand – ist ganz wichtig für den Erhalt unserer eigenen Persönlichkeit und unserer Positionierung in der Gesellschaft.

Als Weiteres folgen einige Vorstellungsübungen (Imaginationen):

Durch fließendes Wasser schauen

Das Bild auf der nächsten Seite ist die Fotografie einer Wasseruhr. Wenn man durch das am Rand des Glases entlanglaufende Wasser schaut, verzerrt sich der Hintergrund. Wenn sich Gedanken zu sehr aufdrängen, kann man sich die Gedanken als Figuren vorstellen, sich ein Glas Wasser nehmen und durch das Wasser auf die Gedanken schauen. Sie verzerren sich hierdurch und wirken plötzlich unwirklich, nicht mehr realistisch.

2.4 Abstand zu den Gedanken (Defusion)

Die Gedankenparade

Stellen Sie sich folgendes Bild vor. Durch Ihr linkes Ohr tritt eine Parade von Soldaten aus Ihrem Kopf hervor, die läuft vor Ihren Augen vorbei in das rechte Ohr wieder zurück in Ihren Kopf. Die Soldaten tragen schwarze Stiefel, blaue Uniformen und Helme mit großen schwarzen Federn. Jeder Soldat hält einen Schutzschild in der Hand. Auf jedem Schutzschild steht ein Gedanke. Solange die Parade läuft, ist alles in Ordnung. Den genauen Inhalt der Gedanken können Sie nicht richtig lesen, da ständig Bewegung herrscht. Dennoch beunruhigt uns dieser Trupp.

Wir alle kennen einen solchen Zustand, wenn wir zum Beispiel irgendwo spazieren gehen und mehr oder weniger bedeutungslose Gedanken kommen und gehen (die Parade läuft, das Oh-je-mi-ne-Radio ist leise gestellt). Doch plötzlich stoppt die Parade. Sie sehen den Gedanken plötzlich ganz genau, ganz scharf. Sie können ihn mit Ihren Augen erkennen und ihn jetzt genau lesen. Diesen Gedanken nehmen sie in Ihr Hirn auf. Sie beginnen, sich mit ihm zu beschäftigen. Das »Radio« ist laut gestellt. Sie erleben intensiv das, was wir ***Grübeln*** nennen. Sie sind mit dem negativen Gedanken verschmolzen, der immer mehr Macht und Schrecken verbreitet und sich bis zur Panik ausweiten kann, wenn Sie ihm nicht Einhalt gebieten. Das Ziel ist, diesen Gedanken zu entschärfen, indem wir ihn zurück auf den Schild setzen und die Parade wieder in Gang kommen zu lassen, die einfach weiter zieht.

Blätter auf dem Fluss

Stellen Sie sich vor, Sie sitzen an einem Herbsttag an einem Bach, die Sonne geht gerade unter, und auf dem Bach schwimmen einige goldgelbe Blätter. Üben Sie nun, auf ein Blatt einen Gedanken zu setzen und beobachten Sie, wie er langsam vor ihren Augen davontreibt.

Über den Wolken

Schon oft haben wir dieses Lied von Reinhard Mey gehört und wahrscheinlich auch schon mitgesungen: »Über den Wolken muss die Freiheit wohl grenzenlos sein … alle Ängste, alle Sorgen, so sagt man, werden darunter verborgen und … klein …« Versuchen Sie einmal, sich dieses Gefühl vorzustellen, ja, es zu erleben: Sie sitzen in einem Flugzeug bei strahlend blauem Himmel und schauen auf weiße, unter Ihnen vorüberziehende Wolken. Und dann setzen Sie Ihre schwierigen Gedanken auf die Wolken und schauen zu, wie diese davonziehen.

2.4 Abstand zu den Gedanken (Defusion)

Alternativ stellen Sie sich vor, Sie sitzen im Wüstensand oder sind gar der Wüstensand selbst und schauen von unten die Wolken an, die in ihrer Vielfältigkeit Ihren Gedanken entsprechen. Sie kommen und gehen, ziehen vorüber, ohne Ihnen etwas antun zu können.

Milch-Milch-Übung

Wie bereits dargestellt, bestehen unsere Gedanken aus Wörtern, die auch mit Bildern und Emotionen verbunden sind. Stellen Sie sich das Wort Milch vor. Sicherlich kommen Ihnen hierbei Bilder in den Sinn z.B. von einer Kuh, einer weißen Flüssigkeit, einer Kanne usw. Eine weitere Übung, negative Gedanken umzuleiten besteht darin, das Wort Milch ganz schnell immer wieder hintereinander auszusprechen: »Milch Milch Milch Milch Milch Milch Milch Milch Milch ...« Wenn Sie dies tun, wird aus dem Wort ein Geräusch, ein Laut. Dabei werden Sie feststellen, dass die Bilder, die Gedanken oder die Emotionen, die Sie bei dem langsam und einfach gesprochenen Wort »Milch« hatten, zunehmend schwächer werden. ***Dies können Sie für jeden quälenden Gedanken ausprobieren.***

2.5 Achtsamkeit, Gegenwärtigkeit leben im Augenblick

Be here now, contact with the present moment: Sei jetzt hier, Kontakt mit dem aktuellen Moment. Dies steht für Achtsamkeit, Gegenwärtigkeit im Augenblick.

Versuchen Sie einfach nur zu sehen, was Sie sehen ohne zu bewerten.

Wie bereits in den vorangegangenen Abschnitten erläutert, denken wir die meiste Zeit über das Leben nach, anstatt einfach zu leben und das Leben als solches zu spüren.

Eng damit verknüpft ist auch die Anforderung der Gesellschaft an uns, »multitasking-fähig« zu sein. Dies bedeutet aber zwangsläufig, dass wir mit der Aufmerksamkeit nicht bei dem sind, was wir gerade tun, also nicht achtsam sind und uns nicht auf das Hier und Heute konzentrieren. Wir sind nicht im gegenwärtigen Augenblick. Weil wir uns getrieben fühlen und glauben, keine Zeit zu haben, kommen wir häufig in eine Beschleunigung hinein, in eine Aktionsspirale. Gleichzeitig fürchten wir, die an uns gestellten Aufgaben nicht erledigen zu können. Diese Befürchtungen sind entscheidende Bausteine für die zunehmend verbreitete Erkrankung des ***»Burnouts«***, die immer häufiger sowohl in der Arbeitswelt als auch im privaten Bereich auftritt. Der Gegenpol zum »Multitasking« wäre das »Unitasking«, d.h. eine Sache achtsam, bewusst und gelassen zu tun mit den hierfür notwendigen, tendenziell eher großen Zeitfenstern.

Achtsamkeit bedeutet, in dem Hier und dem Heute zu sein, also im gegenwärtigen Augenblick. Die Vergangenheit ist vorbei, die Zukunft ist noch nicht da. Das Einzige, was zählt, ist die Gegenwart.

Um dies meinen Patienten zu vergegenwärtigen, stelle ich häufig im Praxisalltag die Frage: »Was ist der schönste Augenblick in Ihrem Leben?« Dann beginnen die Patienten zu überlegen, versuchen, in ihrer Vergangenheit einen möglichst schönen Augenblick zu finden – was ihnen meist nicht gelingt. Dann wiederhole ich erneut den Satz, und den wenigsten fällt auf, was das Wort »ist« bedeutet. Der schönste Augenblick ist natürlich der jetzige Augenblick, der einzig wahre Augenblick, in dem ich die Frage stellte. Und schon ist der Augenblick vergangen, und der nächste ist da.

Das einzige, was zählt, ist die Gegenwart.

Ein Buch, das dies anschaulich verdeutlicht und den Leser mit einem hiermit unmittelbar in Zusammenhang stehenden Thema konfrontiert, das wir nur allzu gerne verdrängen, ist das Buch Jürgen Domians: ***»Das Interview mit dem Tod«***. Der Autor hatte zuvor schon viele Berühmtheiten interviewt. In diesem Buch führt er mit dem Tod als fiktivem Gesprächspartner ein interessantes Interview.

Ich möchte in diesem Zusammenhang auf das Ende des Buches zu sprechen kommen. Da erklärt der Tod dem Autor, dass er normalerweise niemanden vergisst. Nun habe er sich aber mit dem Autor so gut angefreundet, dass er bereit wäre, eine Ausnahme zu machen. Beide spielten diese Vision durch, und der Autor kam zu dem Schluss, dass er nicht vergessen werden möchte. Er fragte den Tod, ob er ihm einen Tipp geben könne, wie er das irdische Leben besonders gut gestalten könnte. Daraufhin antwortete der Tod, dass es da einen ganz wichtigen Satz gäbe. Er müsse sich jedoch diesen Satz genau vergegenwärtigen und ihn in jeder Sekunde seines Lebens leben. Würde er dies tun, würde der Satz ihm helfen, die schönen Zeiten des Lebens noch intensiver zu erleben und die weniger schönen Zeiten besser durchzustehen. Auf Nachfrage des Autors, wie dieser Satz denn laute, antwortete der Tod: ***»Alles geht vorüber.«***

Meine persönliche Meinung über den Tod:

Oftmals werden die Begriffe Sterben und Tod falschermaßen gleichgesetzt. Sterben ist ein Prozess, der entweder schnell oder langsam vonstatten geht, und manchmal sehr leidvoll sein kann. Der Tod hingegen ist schlichtweg das Ende des irdischen Lebens. Jeder kommt irgendwann dort an.

Meine Vorstellung vom Leben ist ein ***»Drei-Kammer-System«***:

1. Kammer: Hierbei handelt es sich um die Mensch-Werdung im Mutterleib. Das Ende ist die Geburt. Diese ist in der Regel für den neugeborenen Menschen schmerzhaft und leidvoll.

2. Kammer: Diese Kammer spiegelt das irdische Leben wider. Dieses ist für den einen Menschen vielleicht lang und erfüllt, für den anderen möglicherweise kurz und voller Leid. In jedem Fall endet es mit dem Prozess des Sterbens und als Endergebnis mit dem Tod. Dieser ist zwar manchmal sanft, sicherlich aber häufiger leidvoll. In jedem Fall ist der Tod wie die Geburt für mich der Übergang in die 3. Kammer.

3. Kammer: Das Leben nach dem Tod. Dies ist eine Glaubenssache und kann sicherlich nicht von jedem so angenommen werden. Ich aber bin der festen Überzeugung, dass dies existiert, wobei ich mir keine Gedanken darüber mache, wie es aussehen könnte. Hierzu ist mein Verstand viel zu klein. Die Überzeugung aber, dass es existiert, macht mir das Leben in der 2. Kammer, also das irdische Leben in vielen Momenten wesentlich einfacher.

Bei genauerem Hinsehen ist der Tod ein Segen, sozusagen unsere Rettung. Der Umstand, dass wir wissen, dass unser Leben endlich ist, bestimmt maßgeblich unser Dasein und Handeln. Es ist ein Antreiber dafür, dass wir versuchen Ziele zu erreichen, schöne Momente so intensiv wie nur möglich zu genießen (mit dem Wissen, dass sie endlich sind) und vermeintlich schwere Lebensphasen besser durchzustehen.

Stellen Sie sich demgegenüber ein unendliches Leben vor:

Würden Sie an diesem Montag arbeiten gehen oder erst in zwei oder drei Wochen?

Wie lang würden Sie Urlaub machen? Eine, zwei oder drei Wochen oder vielleicht so lange, bis Sie kein Geld mehr haben?

Was macht ein besonders schönes Fest so wertvoll? Die Gewissheit, dass es irgendwann endet. Dies ist der entscheidende Faktor, es wirklich zu genießen.

Was hilft nun dem todkranken, leidenden Menschen? Die Gewissheit, dass der Tod das Leiden beendet.

Achtsamkeit heißt zum einen, mit der gesamten Aufmerksamkeit und dem Erleben im gegenwärtigen Augenblick zu sein. Achtsamkeit bedeutet aber auch, zwischen folgenden zwei Geisteszuständen unterscheiden zu können, nämlich dem ***»Denkenden-Ich«***, worüber bereits ausführlich gesprochen worden ist ***(Verstand)*** und dem ***»Beobachtenden-Ich«***, auch ***»Gewahrsam«*** oder ***»Sonnenuntergangsmodus«*** genannt.

Während wir viel Übung darin haben, mit dem »Denkenden-Ich« in Kontakt zu kommen, sind wir bei Weitem nicht so geübt in unserer Kontaktaufnahme zu dem »Beobachtenden-Ich«.

Letzteres wird recht anschaulich bei der Beschreibung des

Sonnenuntergangsmodus:

Stellen Sie sich vor, Sie sitzen am Strand und nehmen mit all Ihren Sinnen wahr, wie die zuerst gelbe Sonne sich immer mehr in eine rote bis glutrote Sonne verwandelt und dann langsam im Meer verschwindet. Parallel dazu hören Sie das Rauschen der Wellen, riechen das Salzwasser und spüren die Seeluft auf Ihrer Haut. Sie erleben dies intensiv und nehmen einfach nur wahr, was Sie sehen, spüren und hören. Hierauf liegt Ihr Gewahrsam. Das ist Achtsamkeit.

Meist sieht die Realität aber völlig anders aus: Während Sie auf Ihrem Platz sitzen und den Sonnenuntergang beobachten, sendet Ihnen Ihr »Denkendes-Ich« (Verstand, Denkmaschine) permanente Botschaften, wie: »Ach, sieht das schön aus.« Oder: »Was die Sonne doch für ein toller Planet ist.« Ungeduldige Menschen denken eher: »Ich bin mal gespannt, wie lange das dauert.« Oder: »Mal sehen, was ich nachher tue.« Stellen Sie sich die Aufgabe, Ihren Gewahrsam von den bewertenden Gedanken wegzulenken hin zum einfachen Beobachten, indem Sie die Gedanken vorüberziehen lassen wie vorüberfahrende Autos und somit intensiv wahrnehmen, was Sie in diesem Moment erleben.

Achtsamkeit oder Hinwendung zum »Beobachter-Ich« kann man entweder durch spezielle Übungen erlernen, oder aber durch Anwendungen der Technik bei alltäglichen Dingen.

Achtsamkeit im Alltag

Man kann direkt nach dem Aufstehen damit beginnen. In der Regel duscht man nach dem Aufstehen. Aber wie duscht man? Die meisten duschen rein mechanisch, d.h. sie sind sich des Aktes des Duschens überhaupt nicht gewahr. Während sie duschen, planen sie möglicherweise den Tag, oder die Denkmaschine sendet ihnen bereits Botschaften, was heute alles schiefgehen könnte.

Achtsam duschen

Achtsamkeit beim Duschen bzw. das Gewahrsam zum Beobachter-Ich bei der Tätigkeit des Duschens hinwenden, könnte wie folgt aussehen: Während ich dusche, versuche ich zu erleben, wie das Wasser über meine Haut fließt, ob es weich oder hart ist, ob es warm oder kalt ist. Bei der Seife, die ich benutze, versuche ich, intensiv den Geruch wahrzunehmen. Und ich garantiere Ihnen, dass mir und Ihnen dasselbe passiert: Es dauert noch keine wenigen Sekunden, da wird unsere Hinwendung zum Erleben gestört durch unsere Denkmaschine: Viele Gedanken, wie oben dargestellt, gehen uns durch den Kopf. Und dann ist das Ziel und die Aufgabe, zu erkennen, dass wir am Haken der Gedanken hängen. Dies muss aber nicht so sein. Es liegt

in unserer Macht, die Gedanken vorüberziehen zu lassen wie vorüberfahrende Autos und die Aufmerksamkeit und den Gewahrsam auf das Erleben des Duschens zu lenken.

Dasselbe Prinzip kann man zum Beispiel beim ***Zähneputzen*** und vor allem beim ***Essen*** anwenden.

Achtsames Essen funktioniert natürlich am besten, wenn man alleine isst. Man sollte dann mit seinen ganzen Sinnen und mit seiner Wahrnehmung bei dem Akt des Essens sein. Dies bedeutet, aktiv zu sehen, zu riechen und zu fühlen. Möglicherweise kann man sich auch bewusst auf das Kauen und Schlucken fokussieren. Und wenn Gedanken kommen, sollte man diese vorüberziehen lassen und seine Aufmerksamkeit wieder behutsam auf das Essen lenken. Wenn Sie die Gelegenheit haben, in einem Hotel zu frühstücken, sollten Sie einmal auf alleine frühstückende Gäste achten. Sie werden sicherlich viele dabei ertappen, die zum Beispiel gleichzeitig essen und Zeitung lesen.

In einer Gruppe oder mit der Familie zusammen zu essen ist in den westlichen Ländern unmittelbar mit Kommunikation verbunden. Dies ist auch gut so. Dennoch kann man einige Sekunden oder ein bis zwei Minuten obige Achtsamkeitsübung ausprobieren. Dies wird sicherlich niemandem auffallen und auch keinen stören.

Ähnliches können Sie üben, wenn Sie ***spazieren*** gehen oder ***joggen***. Wenn man nicht bewusst Achtsamkeit übt, ist die Bewegung in der Regel überwiegend mechanisch. Der Körper geht, der Kopf denkt. Das Ziel ist es jedoch, die Bewegung und die Umgebung ganz bewusst wahrzunehmen.

Hier gibt es verschiedene Möglichkeiten:

Zum Beispiel können Sie Ihren Gewahrsam auf das Laufen fokussieren, also auf die Bewegung selbst oder aber auf die Atmung. Sie können jedoch die Aufmerksamkeit auch auf die Beobachtung der Umgebung lenken, indem Sie bewusst wahrnehmen, was Sie sehen. Wenn Sie beginnen, dieses zu üben, kann ich Ihnen jetzt schon sagen, dass es wahrscheinlich so sein wird, dass Ihnen dieses nur wenige Sekunden oder maximal Minuten gelingen wird. Bald werden Sie wieder entweder über irgendetwas Alltägliches oder über das nachdenken, was sie gerade tun: »Ach, ist das Laufen so schwer, heute bin ich gar nicht fit, die Natur geht ja auch schon in den Herbst über …« Ihr Verstand wird alles beschreiben und bewerten und plappern – eben das »Oh-je-mi-ne-Radio« ist in Gang. Und dann gilt es zu erkennen, dass Sie am Haken der Gedanken hängen und Ihre Aufmerksamkeit besser auf das Erleben und die Beobachtung lenken.

2.5 Achtsamkeit, Gegenwärtigkeit leben im Augenblick

Thich Nhat Hanh, vietnamesischer und buddhistischer Mönch, sicherlich einer, wenn nicht sogar der Meister der Achtsamkeit und direkter Berater des Dalai Lama, hat hierüber viele Bücher und Kurzgeschichten geschrieben. Aus einem Buch (»Das Wunder der Achtsamkeit«) möchte ich eine kurze Passage zitieren:

»Als junger Novize mussten wir oft für viele Mönche nach dem Essen das Geschirr spülen. Das war keine einfache Sache. Wir hatten nur Wasser und Holzspäne zur Verfügung. Dies hat jedoch mein späteres Leben geprägt. Auch heute noch wasche ich meine Wäsche mit Hand und mein Geschirr spüle ich ohne Spülmaschine ab. Und wenn ich das Geschirr spüle, ist es so wie damals, als ich noch ein junger Novize war. Wenn ich Geschirr spüle, dann spüle ich nur Geschirr. Ich bin mit meiner ganzen Aufmerksamkeit bei dem, was ich gerade tue. Und ich genieße den wunderbaren Augenblick, lebendig und aktiv zu sein. Das ist das, was ich mit Achtsamkeit meine.«

Nach dem oben Geschilderten können Sie nun versuchen, sich zu jedem Zeitpunkt Ihres täglichen Lebens achtsam zu verhalten, d.h. mit Ihrer Aufmerksamkeit sich ganz der aktuellen Situation zu widmen, und so oft Sie können, nur wahrzunehmen und zu beobachten, ohne zu werten, also mit dem Gewahrsam bei dem Beobachter-Ich zu sein, im sogenannten Sonnenuntergangsmodus. Dies wird Ihnen sicherlich leichter gelingen, wenn Sie die im Vorfeld beschriebenen Anregungen häufiger wiederholen bzw. üben.

Nach einer Weile werden Sie merken, dass Ihnen viele Dinge leichter von der Hand gehen. Sie werden sich nicht mehr so gestresst fühlen, weil Sie eins nach dem andern erledigen, vieles wird Ihnen auf diese Weise besser gelingen, und Sie werden wahrscheinlich erfolgreicher sein. Das Prinzip hierbei lautet: Unitasking ist besser als Multitasking.

Das Lob der Langsamkeit und Bewusstheit sollten Sie zu Ihrem Lebensmotto erheben. Wenn Sie das tun, wird sich sowohl Ihr berufliches als auch privates Leben verbessern bzw. bereichern und entschleunigen. Dies erläutert folgende Metapher:

Säubern eines dreckigen Hundes (Geschichte aus meinem Alltag)

Mein Hund ist ein kleiner Bichou frisé. Im Normalzustand ist er weiß. Dass dies selten der Fall ist, liegt daran, dass ich ihn sehr oft mitnehme zum Laufen und zum Wandern. Sein weißes Fell zieht so ziemlich jeden Dreck an, den man sich vorstellen kann. Vor allem ist es schwierig, wenn ich ihn morgens vor der Praxis zum Laufen mit dabei habe. Dann ist quasi jede Minute getaktet. Wenn ich nach dem Laufen nach Hause komme, würde ich gerne sofort duschen. Aber da ist mein kleiner, weißer, dreckiger Hund. Ihn muss ich erst mal ins Waschbecken stellen und mit Wasser und Seife sauber machen. Ich habe genau zwei Möglichkeiten, das zu tun: Entweder ich ärgere mich darüber, dass der Hund schon wieder dreckig ist (was völlig abwegig wäre, da er nichts dafür kann). Ich erledige die Reinigung mehr oder weniger genervt zwangsläufig und bin dabei mit meinen Gedanken schon in meiner Praxis (wenn ich das in dieser Art und Weise tue, geht es sowohl mir als auch meinem Hund schlecht). Ich kann aber auch einen anderen Weg wählen: Ich kann achtsam meinen Hund in das kleine Waschbecken stellen. Wenn ich das Wasser über ihn laufen lasse und spüre, wie sich sein Fell anfühlt, wie

er das warme Wasser und die Berührung genießt, ist das viel nervenschonender, als wenn dies alles schnell nebenbei erledigt wird. Der Zeitaufwand zwischen Variante eins und Variante zwei ist dabei völlig identisch. Aber bei Variante zwei fühlen sich mein Hund und ich wesentlich besser.

Bisher habe ich einige Beispiele für Achtsamkeit im Alltag dargestellt.

Natürlich können Sie sich auch die Zeit nehmen, um ***aktiv*** Achtsamkeitsübungen durchzuführen. Ich möchte hier zwei Beispiele anführen:

Achtsames Atmen

Setzen Sie sich bequem auf einen Sessel, schließen die Augen, lassen den Alltag hinter sich und beginnen, sich auf die Atmung zu konzentrieren. Sie fühlen, wie Atemluft durch die Nase in die Lungen geht, sich der Brustkorb bewegt, ebenso der Bauch, und wie dann die Luft langsam wieder nach draußen fließt. Wiederholen Sie dies zehn Mal und seien Sie mit Ihrer Aufmerksamkeit ganz bei diesem Erleben. Alles, was an Gedanken und Gefühlen hochkommt, lassen Sie da sein, wo es ist, und fokussieren Ihre Aufmerksamkeit auf das Erleben des Atmens. Wenn Sie das regelmäßig machen, ist dieses ein gutes Mittel, in gestressten Situationen eine Erdung zu bekommen. Patienten, die diese Übung häufig anwenden, haben mir berichtet, dass in emotional belastenden Situationen – zum Beispiel in schwierigen Gesprächen – es ihnen häufig genügt, bewusst einen oder zwei tiefe Atemzüge durchzuführen, um ihren Stresspegel zu reduzieren, um dann in der Lage zu sein, ein sachliches Gespräch zu führen. Es sind auch viele gute Hör-CDs mit Übungen dieser Art im Handel erhältlich. Hier möchte ich erneut auf den bereits weiter vorne zitierten Autor Thich Nhat Hanh hinweisen.

Naturübung

Eine weitere Übung, die sich leicht quasi nebenbei durchführen lässt, wäre folgende: Beim Wandern oder Spazierengehen lassen Sie sich Zeit und nehmen dann einfach nur wahr, was Sie sehen und fühlen. Quasi wie ein Forscher, der alles neu erprobt. Sehen Sie bewusst, was Sie sehen, fühlen Sie bewusst, was Sie fühlen. Achten Sie darauf, wie der Wind über Ihre Haut streicht, ob er kalt oder warm ist, und riechen Sie bewusst, was Sie riechen. Wenn dann wieder störende Gedanken kommen, wie: »Ich könnte ja mal das Unkraut rupfen oder den Rasen mähen«, dann lassen Sie die Gedanken vorüberziehen wie vorüberfahrende Autos und fokussieren Sie Ihre Aufmerksamkeit auf das Fühlen und Erleben.

Zusammenfassend kann man also festhalten, dass Achtsamkeit auch in Richtung »Lob der Langsamkeit« geht. Wenn man in asiatischen Ländern Mönchen begegnet und ihnen beim Gehen zuschaut, wird man feststellen, dass diese langsam und bewusst Fuß vor Fuß setzen. In deutschen Fußgängerzonen hingegen beobachtet man, wie die meisten Passanten gehetzt wie Roboter durch die Gegend rennen, wobei sie nichts wahrnehmen und ganz mit ihren Gedanken verschmolzen sind. Dies kann man bereits an ihren Mienen erkennen, während die Gesichter der asiatischen Mönche Gelassenheit und Lebensweisheit spiegeln.

Jetzt werden Sie sagen, dass wir für Achtsamkeit und Langsamkeit meist keine Zeit haben, weil das Leben ständig Forderungen an uns stellt.

Ich aber verspreche Ihnen, dass genau das Gegenteil der Fall ist. Wenn Sie die Dinge achtsam und behutsam angehen, werden Sie effektiver und nachhaltiger sein und sich dabei auch noch wesentlich besser fühlen.

2.6 Werte und Ziele

Values, know what matters: Werte: Sich darüber bewusst sein, was wirklich im Leben zählt: Hierbei geht es darum, Klarheit über die eigenen Werte zu erlangen, Einsicht dafür, wie nah man seinem Wert ist und gegebenenfalls um die Formulierung von Zielen, welche einem Menschen seinen Werten näherbringen.

Ein ***Wert*** ist wie ein ***Leuchtturm***, der uns dabei hilft, auf bewegter See die Richtung zu halten. Oder er ist wie ein Weg, der uns angibt und signalisiert, wie wir uns bewegen sollen.

Einem ***Wert*** können wir immer folgen, wir können ihn aber nie erreichen oder komplett erfüllen.

Ziele sind Punkte, die wir auf dem Weg zu unseren Werten erreichen, gewissermaßen abhaken können, und die uns unserem Wert immer näherbringen.

Die folgenden beiden Beispiele sollen den Unterschied zwischen Werten und Zielen verdeutlichen.

Kompass

Ein Wert wäre zum Beispiel: »Ich gehe mit meinem Kompass nach Süden.« An jeder Stelle der Erde kann ich meinem Kompass folgen und nach Süden gehen, immer weiter und weiter.

Ein Ziel im Dienste dieses Wertes, das ich erreichen und abhaken kann, wäre zum Beispiel: »Ich gehe über München.« Wenn ich in München bin, habe ich ein erstes Zwischenziel erreicht, welches mich meinem Wert näherbringt. Jetzt kann ich mir ein neues Ziel setzen: »Ich gehe nach Innsbruck.« Je mehr Ziele ich erreiche, umso mehr nähere ich mich meinem Wert, nämlich weiter südlich voranzukommen.

Ehefrau liebevoll behandeln

Ein Wert wäre zum Beispiel: »Ein Mann möchte seine Frau liebevoll behandeln und ihr dies jeden Tag zeigen«. Die Agenda, die er hierzu einsetzen könnte, ist schier unendlich, wie die Frauen unter den Leserinnen bestimmt bestätigen können.

Ein Ziel, diesem Wert näherzukommen, wäre zum Beispiel: »Ich rufe meine Frau einmal täglich von der Arbeit aus an und sage ihr, dass ich sie liebe.« »Freitags bringe ich ihr eine rote Rose mit« wäre ein weiteres Ziel, was mich dem Wert näher bringt, meiner Frau meine Liebe zu zeigen. (Ein Tipp von einem guten Freund, der dies praktiziert hat, wobei leider er als auch seine Frau zwischenzeitlich verstorben sind.)

2.6 Werte und Ziele

Werte

Werte lassen sich für unterschiedliche Lebensbereiche formulieren:

Partnerschaft
Verhältnis zu den Kindern
Verhältnis zu den Eltern
Beruf und Karriere
Gesundheit
Freizeit
Sozialkontakte und Engagement in der Gesellschaft
Religion und Spiritualität, Kontakte zu Freunden

um nur einige zu nennen.

Auf dem Weg zu einem guten und werteorientierten Leben können wir immer wieder stehen bleiben und einen Abgleich mit der ***»Ist-Situation«*** und der ***»Soll-Situation«*** durchführen.

Mit der ***»Soll-Situation«*** ist der Zustand gemeint, in welchem wir in den oben dargestellten Lebensbereichen unseren Werten möglichst nahe sind und konform mit ihnen leben.

Die ***»Ist-Situation«*** stellt hingegen eine Analyse der aktuellen und wirklichen Lebenssituation dar.

Sich dieser Anstrengung bewusst zu sein, lohnt sich. Wie oft kommt es vor, dass ein Mensch plötzlich feststellt, dass er glaubt, im falschen Zug zu sitzen bzw. die Hauptrolle in einem Film spielt, der gar nicht sein eigener, ursprünglicher Film ist.

Bei diesem Abgleich zwischen Soll- und Ist-Zustand handelt es sich um einen dynamischen Prozess, den man stets wiederholen kann, und nicht etwa um eine einmalige Sache, die verpufft.

Am Beginn also steht die Aufgabe, sich in den verschiedenen Wertebereichen eine Liste zu machen, was für ***einen selbst*** einen wirklich wichtigen Wert darstellt. Nicht gemeint ist, hier allgemeine Werte der Gesellschaft zu übernehmen. Wichtig ist, seine eigenen Werte in den einzelnen Lebensbereichen zu definieren und festzulegen.

Hier möchte ich erwähnen, dass Werte nicht aus Stein gemeißelt sind. Es gibt Lebenssituationen, in denen einmal festgelegte Werte wichtig sind und andere Lebenssituationen, wo andere richtiger oder wichtiger erscheinen.

Dies ist gerade während des Prozesses des Älterwerdens, unter Einbeziehung der bereits stattgefundenen Lernprozesse mit der Erkenntnis der Funktionalität ganz entscheidend.

Dies hat schon sehr früh auch der Psychoanalytiker C.G Jung erkannt, als er beschrieb, dass ungefähr ab dem 50. Lebensjahr folgende Triebfeder immer stärker wird:

2.6 Werte und Ziele

»Werde zu dem Menschen, der du bist.«

In diesem Leitsatz sind zwei Schritte enthalten: Das Erkennen der eigenen Werte als ersten Schritt und die Formulierung von Zielen als zweiten Schritt, die uns unseren Werten näherbringen.

Während wir in der Zeit vor dem 50. Lebensjahr tendenziell Werte der Allgemeinheit bedienen (Beruf erlernen, Familie gründen, Kapital erwerben, ein Haus bauen ...), bekommen in der Zeit nach dem 50. Lebensjahr häufig andere Werte Wichtigkeit (Lebenszufriedenheit erlangen, gesund leben, Beziehung optimieren ...). Dies kann häufig dazu führen, dass der eingeschlagene Weg verändert werden muss. Da die Allgemeinheit Veränderungen eher kritisch gegenübersteht, wird ein solcher Veränderungsprozess als so genannte ***»Midlife-Crisis«***, also eine Krise in der Lebensmitte abgewertet.

Manchmal hat man Probleme, in gewissen Lebensbereichen oder während des oben dargestellten Veränderungsprozesses für sich individuell Werte zu formulieren oder zu wissen, was nun für einen selbst in der aktuellen Lebenssituation relevant ist.

Auch hier gibt es in ACT einige Übungen, die einem weiterhelfen, individuelle Werte und Ziele zu finden.

Die Grabesrede

Stellen Sie sich vor, Sie sind gestorben und Ihre Beerdigung findet in Ihrem Beisein statt. In diesem Zustand haben Sie Ihre menschliche Hülle verlassen und schauen als Geist auf die Trauergemeinschaft herunter. Ihr bester Freund hält eine Rede über Sie, in der er darstellt, in welchen Punkten verschiedener Lebensbereiche Sie ein guter Mensch gewesen sind, was Sie alles an wertvollen Dingen getan haben und was Sie alles in diesen Lebensbereichen bewegt haben. Was Sie dann gerne von oben herab an Dingen hören würden, die Ihr Freund über Sie sagt, kann ein Leitfaden für Ihre Werte darstellen.

In diesem Zusammenhang fällt mir ein entgegengesetztes Negativbeispiel ein, dass mir einmal beim Durchstöbern des Internets über Grabesreden zufällig aufgefallen ist. Es handelt sich um folgende Grabesaufschrift: ***»Jedem hat mein Leben gefallen, nur mir nicht.«***

So sollte es Ihnen auf keinen Fall ergehen, und so wird es Ihnen auch nicht ergehen, wenn Sie das oben Dargestellte verinnerlichen.

Nun gibt es verschiedene Möglichkeiten, seine individuelle Werteliste zu erstellen. Man kann dies tabellarisch oder auch bildlich tun.

Bildlich und anschaulich finde ich die Dartscheibe.

2.6 Werte und Ziele

Wertedartscheibe

Die meisten von Ihnen kennen eine Dartscheibe. Sie besteht aus mehreren Kreisen, die Scheibe selbst wird aus verschiedenen Dreiecken gebildet. Ziel ist es, mit verschiedenen Pfeilen in den unterschiedlichen Dreiecken dem Mittelpunkt der Scheibe möglichst nahezukommen. Nun können Sie eine solche Dartscheibe auf ein Blatt Papier malen. Dann können Sie jedem Dreieck einen Wert zuschreiben und statt einem Pfeil ein Kreuz setzen. Je weiter außen Sie sind, umso weiter sind Sie von Ihrem Wert entfernt, und je näher das Kreuz in Richtung Mittelpunkt der Scheibe geht, umso näher sind Sie Ihrem Wert.

Wenn Sie das erledigt haben, dann geht es darum, dass Sie Ziele formulieren, die im Dienste Ihres Wertes stehen, die also dafür sorgen, dass sich Ihr Kreuz auf der Dartscheibe von außen weiter nach innen bewegt. Vielleicht sollten Sie erst mit einem Dreieck beginnen und nach erreichtem Ziel schauen, inwieweit sich Ihr Kreuz weiter in Richtung Mitte bewegt hat. Dies gilt es für jedes weitere Dreieck, also jeden Wert nach und nach, so wie Sie es können und möchten, anzugehen.

Ziele

Die Ziele kann man einteilen in:

kurzfristige

mittelfristige

langfristige Ziele

Kurzfristige Ziele sind solche, die man im Tage- oder Wochenbereich erledigen kann, mittelfristige Ziele erstrecken sich über Monate und langfristige Ziele über Jahre oder Jahrzehnte, also über einen Zeitraum, in dem man durchaus auch einmal ins Träumen geraten kann.

Wenn man über Ziele spricht, sollte man auch das ***SMART-Prinzip*** kennen und beachten.

»S«	steht für spezifisch
»M«	steht für meaningfull, d.h. für mein spezielles Leben bedeutsam, nicht bedeutsam im Sinne dessen, was alle/andere tun, was quasi »in« ist
»A«	steht für adaptive, d.h. angepasst für mich in meiner aktuellen Lebenssituation
»R«	steht für realistisch, d.h. es muss für mich in der aktuellen Lebenssituation auch umsetzbar sein
»T«	steht für terminiert, d.h. es muss einen konkreten Anfang und ein Ende geben.

Wendet man das SMART-Prinzip auf seine persönlichen Ziele an, wird es wahrscheinlicher, dass es einem gelingt, diese Ziele auch zu erreichen.

Vorsätze, ein gewisses Ziel zu erreichen, sind häufig Sätze wie die folgenden:

»Ich müsste einmal Sport machen, weniger, weil ich es will, sondern weil das gesund ist und dies alle machen. Außerdem kann ich dadurch auch abnehmen.«

Wenn man mit einem solchen Vorsatz und einer solchen inneren Einstellung und Haltung an ein Ziel herangeht, ist es nicht sehr wahrscheinlich, dass man jemals zu diesem Ziel gelangen wird oder gar den Weg dorthin überhaupt beginnt. Diese Ziele sind zu unpräzise, haben keinen konkreten Anfangspunkt und keinen Endpunkt, haben keinen konkreten Inhalt und bedienen gängiges Allgemeingut, nicht jedoch das persönliche Interesse desjenigen, der sich auf den Weg machen möchte.

Nach dem SMART-Prinzip wäre folgende Zielvorgabe ein besserer Weg:

»Ab nächste Woche werde ich jeden Dienstag von 18:00 Uhr bis 18:30 Uhr – je nachdem, wann meine Arbeit endet, einen km von A nach B laufen, da mir Laufen Spaß macht. Ich fange langsam an, weil ich untrainiert bin. Wenn ich mir vornehme, in einer halben Stunde einen Kilometer zu laufen, bin ich mir sicher, dass ich es schaffen werde.«

Ein solcher Vorsatz erfüllt alle oben geforderten Prinzipien, und es ist sehr wahrscheinlich, dass derjenige, der sich einen solchen konkreten Plan entworfen hat, diesen zum einen umsetzt und zum anderen auch fortsetzt bzw. auch durchhält.

2.7 Engagiertes Handeln (Commitment)

Committed actions, do what it takes: Engagiertes Handeln, tue, was notwendig ist. Damit ist gemeint, eine Haltung des unmittelbaren Willens einzunehmen, die es wahrscheinlich macht, ein Ziel zu erreichen, und dabei sich absolut an Vereinbarungen mit sich selbst zu halten.

Was gehört aber alles zu Engagement?

Während Akzeptanz oftmals eine eher ***passive Qualität*** beinhaltet, bedeutet Bereitschaft, ***aktiv Handlungen*** auszuüben. Hier bestehen auch in bedeutsamer Weise Verknüpfungen von Zielen und Werten.

2.7 Engagiertes Handeln (Commitment)

Bereitschaft heißt in der ACT auch Commitment. Es bedeutet den unbedingten Willen, etwas tun zu wollen.

Bereit zu sein, ist wie schwanger zu sein.

Dies funktioniert nach dem »Alles-oder-Nichts«-Gesetz. Entweder man ist es oder man ist es nicht. Dazwischen gibt es nichts.

Bereit zu sein ist wie Springen.

Springen ist springen, nicht sich vortasten oder langsam runterklettern. Nein, springen ist springen, nichts anderes. Man kann damit beginnen, von einem Buch zu springen. Wenn man das schafft, kann man von einem Stuhl springen, gelingt das, kann man im Schwimmbad von dem Ein-Meter-Brett springen. Auf solche Weise lassen sich weitere, schwierigere Ziele festsetzen.

Wichtig ist, dass man die Vereinbarung, die man mit sich eingegangen ist, auch einhält. Dementsprechend sollten die Anforderungen, vor allem zu Beginn, nicht zu hoch gegriffen sein.

Bereitschaft kann man, wie oben ausgeführt, von seinem Wesen her nicht begrenzen. Begrenzen kann man nur die Rahmenbedingungen.

Bereitschaft beinhaltet auch:

»Ändere, was du ändern kannst und willst, nimm an, was du nicht ändern kannst, und lerne, das eine von dem anderen zu unterscheiden.«

Wie Sie erkennen können, gibt es eine enge Verbindung zwischen aktiver Bereitschaft und passivem Annehmen (Akzeptanz).

Es folgen nun Metaphern zum Thema Bereitschaft und engagiertem Handeln:

Metapher von Jim, dem Bettler

Stellen Sie sich vor, Sie haben ein neues Haus gebaut. Überall haben Sie Schilder aufgestellt, auf denen steht: Jeder ist eingeladen. Ein solches Schild haben Sie auch an dem Supermarkt angebracht, in dessen Nähe ein Obdachloser lebt: »Jim, der Bettler«. Keiner mag ihn, weil er nicht so aussieht wie der Rest der Gesellschaft, nicht gepflegt ist und sich an keine Normen hält. Und nun beginnt Ihre Hauseinweihungsfeier. Viele Gäste kommen, alles edle Leute, aber auch Jim, der Bettler, kommt. Damit haben Sie nicht gerechnet. Sie haben ihm gesagt: »Du passt hier nicht rein«. Er aber antwortet: »Auf dem Schild steht: ›Alle sind eingeladen. Und ich gehöre schließlich auch zu allen.‹ Können Sie sich vorstellen, dass es für Sie möglich ist, ihn zu begrüßen, auch ohne dass Ihnen seine Anwesenheit gefällt? Sie müssen ihn nicht mögen. Ihre Meinung über ihn, und was Sie von ihm halten, ist etwas völlig anderes als Ihre Bereitschaft, ihn als Gast in ihrem Haus zu haben.

Sie könnten sich dafür entscheiden, dass Sie Jims Anwesenheit zwar dulden, ihm aber nur erlauben, sich zum Beispiel in der Gästetoilette aufzuhalten. Das wird er wahrscheinlich nicht tun. In der Folge sind Sie permanent damit beschäftigt, aufzupassen, dass er nicht aus der Toilette kommt und sich unter die anderen Gäste mischt. Dann sind Sie aber nicht mehr der Hauptdarsteller in Ihrer Feier: Ihre Feier geht an Ihnen vorbei. Während die anderen feiern, sind Sie damit beschäftigt, diesen Kerl in Schach zu halten. Es fühlt sich für Sie nicht mehr wie eine Feier an, aus der Feier ist Arbeit geworden. Wenn Sie aber akzeptieren, dass Sie den Bettler mit an Ihrem Fest teilnehmen lassen, dann sind Sie wieder frei und können Ihre eigene Feier genießen. Es kommt also auf die Haltung an, mit der sie Ihren eigenen negativen Gefühlen, Gedanken und Körperempfindungen begegnen. Und dann kommt es darauf an, dass Sie Jim sagen, dass er aus der Toilette kommen kann und mitfeiern darf. Möglicherweise müssen Sie auch bereit sein, dies Ihren Gästen mitzuteilen.

Sind Ihnen Bettler willkommen? Können Sie wählen, sie willkommen zu heißen, auch wenn Sie diese Tatsache prinzipiell nicht mögen? Falls nicht, wie werden in Zukunft Ihre Feiern aussehen?

2.7 Engagiertes Handeln (Commitment)

Engagiertes Handeln lädt geradezu dazu ein, Hindernisse zu überwinden, wozu ein persönliches Wachstum möglich wird. Hierbei geht es häufig auch um wertefreies Erleben.

Bereit zu sein ist das Gegenteil von Bewerten und Abwerten.

Dies verdeutlicht folgende Übung:

Blickkontakt-Übung

Für diese Übung suchen Sie sich einen Partner, dem Sie ungefähr fünf Minuten in die Augen schauen. Die Übung besteht darin, zwei Stühle zu nehmen, und sich frontal dicht voreinander zu setzen. Die Aufgabe besteht darin, präsent zu sein, da zu sein und Blickkontakt zu Ihrem Gegenüber zu halten. Dies fordert erst einmal ein hohes Maß an Bereitschaft. Das werden Sie merken, wenn Sie erst einmal die Übung durchführen. Es geht dabei nicht darum, sich anzustarren, bis einer aufgibt. Sie brauchen nichts zu sagen, nichts zu tun oder irgendetwas zu erwarten. Seien Sie einfach nur da.

Schon bald wird Ihnen Ihr Verstand alle möglichen Gründe dafür liefern, warum dies nicht sinnvoll ist. Er wird Ihnen vielleicht den Drang signalisieren, zu lachen oder sich zu sorgen, wie Ihr Atem riecht oder wie Ihr Partner Ihr Aussehen bewertet. Vielleicht werden Sie auch selbst geneigt sein, das Aussehen Ihres Partners zu bewerten.

Der Zweck dieser Übung besteht jedoch darin, diese Gedanken, die unweigerlich kommen, zur Kenntnis zu nehmen und darauf zu achten, wie das wirkliche Dasein, das Erleben kommt und geht. Und es geht auch darum, frei von Wertungen nur den Blickkontakt zu halten.

Diese Übung verdeutlicht, wie die Fertigkeiten von ACT ineinandergreifen: Bereitschaft, Annahme, Handlungen, Ziele und Werte.

Die Übung ist darüber hinaus eine starke Metapher für das, worauf es in wichtigen ***Beziehungen mit Freunden, Partnern oder Familie*** ankommt.

Bewertungen, Oberflächlichkeit und Abwehrmaßnahmen können ernsthafte Hindernisse für Bereitschaft und Nähe darstellen.

2.7 Engagiertes Handeln (Commitment)

Sumpf-Metapher

Stellen Sie sich vor, dass Sie eine Reise zu einem wunderschönen Berg antreten wollen. Sie sehen diesen Berg in der Ferne. Kaum haben Sie Ihre Wanderung begonnen, marschieren Sie direkt in einen Sumpf hinein. Damit haben Sie nicht gerechnet. Sie möchten nicht durch den Sumpf gehen. Warum hat Ihnen keiner von dem Sumpf erzählt?

Das wird sehr häufig so in Ihrem Leben sein. Wenn Sie ein Ziel erreichen wollen, kommt – im übertragenen Sinn – ein Sumpf. Wenn das passiert, haben Sie die ***Wahl***: Entweder Sie brechen die Reise ab mit der Konsequenz, dass Sie diesen schönen Berg nie erreichen werden, oder aber Sie akzeptieren die unweigerliche Tatsache, durch den Sumpf zu gehen. Letzteres bedeutet aktive Bereitschaft, verknüpft mit dem unbedingten Willen. Und nur so funktioniert ein aktives und wertebasiertes Leben. Wir betreten den Sumpf nicht, weil uns dies Spaß macht oder wir dreckig werden wollen, sondern weil er zwischen uns und dem Ziel liegt, das wir erreichen wollen.

Vergebung als Sonderform der aktiven Bereitschaft

Nicht selten kommt es vor, dass Sie sich verletzt fühlen. Dieses tragen Sie dann einem Menschen nach. In Gedanken beschäftigen Sie sich immer wieder mit diesem Thema. Sie können und wollen ihm nicht verzeihen. Auch, weil Sie sich im Recht fühlen. Dann haben Sie aber Ihren Kampfschalter an, Sie befinden sich im Kampfmodus. Sie tragen die Bürde und den schweren Rucksack des »Nicht-Verzeihen-Könnens« überall mit sich herum, egal, wohin Sie gehen.

Eine vielleicht bessere Alternative ist, sich als aktiv Handelnder – im Sinne von Akzeptanz und Commitment – auf den Weg zu machen und demjenigen zu verzeihen, der Sie verletzt hat. Dies bedeutet nicht, dass Sie das Unrecht ungeschehen machen wollen. Es bedeutet auch nicht, dass Sie akzeptieren, was man Ihnen angetan hat. Verzeihen bedeutet vielmehr, dass Sie den Krieg beenden, Ihren schweren Rucksack wegwerfen, wieder leichter durch Ihr Leben gehen können, und dass Sie wieder Freiräume gewinnen für ein wertebasiertes Leben, und sich nicht blockieren durch den Kampf und die Unfähigkeit, nicht verzeihen zu können. Verzeihen bedeutet, sich selbst ein Geschenk zu machen. Verzeihung ist die »Krönung« von Commitment als aktive Handlung.

Ein zentrales Motto für Commitment verdeutlicht folgender Satz:

Ich bin gescheitert, macht nichts, ich versuche es noch einmal und scheitere dieses Mal besser. Irgendwann wird es mir gelingen.

2.8 Selbst-als-Kontext

Self-as-context: pure awareness: Selbst-als-Kontext, reines Bewusstsein, das Selbst als die immer bleibende, unberührte Einheit.

Das Gegenteil von »Selbst-als-Kontext« ist das »Selbst-als-Konzept«

Wenn Kinder zu reden beginnen und die Welt verstehen lernen, werden sie mit sich selbst betreffenden Fragen überhäuft: »Was magst du?«, »Was willst du?«, »Wohin willst du gehen?«, »Warum hast du das getan?«

Erwachsene erwarten im Allgemeinen, dass Kinder diese Fragen beantworten, weil es in ihren Augen einfach zu beantwortende Fragen sind. Zuerst wissen die Kinder jedoch nicht, was sie sagen sollen, weil ihr Selbstbild noch nicht klar ausgereift ist und insofern es auf solche Fragen für sie keine klaren Antworten gibt. Daher weichen sie oft aus und geben Antworten, wie: »Ich weiß es nicht«, oder auch: »Einfach so.«

Doch je älter sie werden und wissen, was man für Ansprüche an sie stellt, werden sie lernen, allmählich akzeptable Geschichten darüber zu erzählen, was sie tun, wer sie sind und inwiefern ihre Emotionen und Lebensgeschichten ihre Handlungen verursacht haben und rechtfertigen. Schließlich entwickeln Kinder, aus denen schließlich Erwachsene werden, im Laufe der Zeit ein gewaltiges Repertoire an Konzepten über sich und ihre Umwelt. Sie – und damit sind wir alle gemeint – versuchen, zu erklären, zu bewerten, zu beurteilen, einzuschätzen und zu hinterfragen. So beginnen wir allmählich, die Geschichte, die wir über uns selbst entwickelt haben, zu glauben und ihr gemäß – ***wohl gemerkt, es handelt sich um eine Geschichte, die wir uns selbst ausgedacht haben*** – zu leben. Das Resultat ist die Entstehung einer Vorstellung über uns selbst, das ***»Selbst-als-Konzept«***.

So bin ich gebaut, ich und meine Konzepte über mich selbst.

Gemeint sind hier alle Arten von Fragen, die wir mit den Worten: »Ich bin …« beantworten. Fassen wir alle »Ich-bin«-Eigenschaften zusammen, entsteht ein Raum, den wir ***Identität*** nennen. Grundsätzlich ist nichts dagegen einzuwenden, dass wir eine solche Identität bzw. viele solcher Identitäten – denn wir verfügen über eine Menge davon – aufbauen, weil dieses uns hilft, mit den Menschen in unserer Umgebung zu kommunizieren und uns so zu verhalten, wie es von uns erwartet wird, und was uns auch meistens etwas nützt.

Es folgen nun einige Beispiele über Selbstkonzepte.

Selbstkonzept des guten Arbeitnehmers

Ein Mensch hat das Konzept, ein guter Arbeitnehmer zu sein. Diese Selbsteinschätzung sorgt womöglich dafür, dass er an Tagen arbeiten geht, an denen er eigentlich krank ist, und vielleicht auch noch mehr arbeitet, als es für seine seelische und körperliche Gesundheit gut ist. Das mag für seinen Arbeitgeber sehr hilfreich sein, jedoch für ihn sicherlich nicht.

Möglicherweise ahnen Sie bereits jetzt, was es bedeutet, wenn wir zu sehr mit Konzepten über uns selbst verschmolzen (fusioniert) sind. Wir werden unfrei und sind in unserem Handeln nicht mehr flexibel. Wir stecken gewissermaßen in unserer eigenen gedanklichen Zwangsjacke.

Selbstkonzept des stolzen Mannes

Ein Mann ist davon überzeugt, dass er ein stolzer Mann ist. Tag für Tag, Stunde für Stunde und zu jedem Augenblick hält er an diesem Selbstkonzept fest, unabhängig von der jeweiligen Situation. Dieses Konzept bedeutet für ihn, dass er als Mensch immer und in jedem Fall Respekt verdiene. Er ist der Auffassung, dass er immer recht hat, dass er nicht verzeihen kann. Sein Festhalten an diesem Selbstbild bewirkt aber, dass sich alle seine Beziehungen zunehmend auflösten bzw. immer schlechter wurden: Seine Frau und seine Kinder wendeten sich von ihm ab, er stritt sich mit seinen Arbeitskollegen und verstand sich zuletzt als ein Mobbing-Opfer. Das Beharren auf seinem Selbstbild verhinderte, dass er an dem arbeitete, was ihm eigentlich am wichtigsten war, nämlich an einer guten Beziehung zu seiner Familie und seinen Arbeitskollegen. Am Ende war er nicht mehr ein stolzer, sondern ein kranker und einsamer Mann.

Ein ganzes Leben kann dem Diktat bestimmter Selbstkonzepte unterliegen. Die Macht dieser Konzepte von uns selbst ist häufig so stark, dass unsere Verhaltensmuster völlig rigide diesem im Grunde künstlichen Konzept angepasst sind. Wir verhalten uns stets entsprechend unserer Konzepte, obwohl die aktuelle Situation vielleicht ein ganz anderes Verhalten erfordern würde, was kein Teil unseres bisherigen Selbstkonzeptes war.

Im ersten Schritt ist es wichtig und sinnvoll, dass wir uns diesen Sachverhalt vergegenwärtigen. Vielleicht ist es auch angebracht, dass wir alle Konzepte über uns selbst aufschreiben. Je besser wir diese kennen, umso mehr sind wir uns darüber bewusst, wie sie entstanden sind und was sie wirklich sind, nämlich reine ***Geschichten***. Möglicherweise wird es im Laufe unseres Lebens, das sich ständig verändert, notwendig werden, dass wir uns von dem ein oder anderen Konzept über uns selbst verabschieden.

Das Prinzip ist hier *»**Kill yourself everyday**«*.

Mit dieser Maxime ist beileibe nicht gemeint, dass wir uns jeden Tag selbst umbringen sollen. Gemeint ist vielmehr, dass wir uns von einem bestimmten Konzept über uns verabschieden sollen, wenn wir feststellen, dass es für unsere jetzige Lebensphase nicht mehr hilfreich ist bzw. nicht mehr gut funktioniert. Manchmal genügt es auch, uns phasenweise von einem Konzept zu verabschieden.

So kann ich zum Beispiel das Selbstkonzept haben: ***»Ich bin ein lieber und gutmütiger Vater.«*** Dies kann prinzipiell kein schlechtes Konzept sein. Aber möglicherweise muss ich mich in der Pubertät meines Sohnes zumindest teilweise von diesem Konzept distanzieren, um ihm Grenzen aufzuzeigen und nicht gutmütig im engeren Sinne zu sein. Die Voraussetzung hierfür ist aber, mir bewusst zu machen, dass es sich hierbei um ein Konzept von mir selbst handelt, um eine im Laufe des Lebens selbst konstruierte Geschichte, und dass dies nicht meine komplette, dauerhafte Identität ist, die in der aktuellen Lebensphase nicht hilfreich ist.

Denn sehr häufig ist es so, dass die Menschen krampfhaft an den Konzepten über sich festhalten, weil sie Angst haben, dass, wenn sie sich von einem Konzept über sich selbst verabschieden, *sie sich quasi selbst verlieren, ihre Identität verlieren*.

Das ist aber nicht so.

Neben dem Selbst-als-Konzept, gewissermaßen dem Selbst, das wir selbst erfunden haben und auch häufig mit aller Macht verteidigen, gibt es – ein anderes »Selbst« – das ***»Wirkliche-Selbst«***, das ***»Kern-Selbst«***, das ***»Selbst-als-Kontext«***, das ***»Beobachter-Selbst«*** oder die ***»Fortlaufende Selbstbewusstheit«***. Dabei handelt es sich um einen Teil von uns, der immer schon da war, seit wir auf der Welt sind, und der ein Leben lang bleibt, und durch nichts zu bedrohen ist, also eine permanente Konstante, über die jeder Mensch verfügt.

Was ist damit gemeint, und was bringt es uns, mit diesem Selbst etwas vertrauter zu werden, mit diesem Selbst mehr in Kontakt zu kommen, und wie kann uns das gelingen?

Selbst-als-Kontext, Beobachter-Ich: Eine Konstante, die immer schon da war.

Eine Person, die nicht in der Lage ist, sich ihrer fortlaufenden Verhaltensweise bewusst zu sein, und sie gegebenenfalls zu verändern, kann häufig damit Probleme haben, mit den komplexen und sich ständig verändernden Umständen des täglichen Lebens angemessen umzugehen. Ein gesundes menschliches Leben erfordert die kontinuierliche und flexible Selbstwahrnehmung im Kontext der Umgebung und von dem Gegenüber. Dazu ist es aber notwendig, sich und seine Verhaltensweisen quasi von außen zu beobachten, ohne

diese zu bewerten und sie im Kontext mit der aktuellen Situation und dem Gegenüber zu stellen (Mentalisierungsfähigkeit).

Tiere sehen, aber die Menschen sehen und verstehen, dass sie sehen.

Wir sollten uns bemühen, zu berichten, was wir sehen, uns aber auch vorstellen zu können, was die anderen vielleicht sehen. Dieser Lernprozess, eine Perspektive einzunehmen, wird durch Ausdrücke wie »hier, da, jetzt und damals« intensiviert.

2.8 Selbst-als-Kontext

Kommen wir noch einmal zurück zur Kindheit. Wenn man uns als Kinder Fragen stellte, wie: »Was hast du gesehen?«, »Machst du dir Sorgen?« oder »Was möchtest du essen?« lernen wir, Antworten zu geben, wie: »Ich habe ein Pferd gesehen«, »ich habe Angst«, »ich möchte ein Stück Pizza essen.« Der Inhalt der Antwort wechselt, aber das Wort »Ich« stellt eine Verbindung zu einer Konstanten her, nämlich zu dem Ort, von dem aus alles bewusst wahrgenommen wird. ***Dieser Ort ist das »Selbst-als-Kontext«, somit eine Perspektive, aus der wir wahrnehmen, sprechen und handeln. Etwas quasi, was schon immer da war und immer bleiben wird.***

Hierzu gibt es eine effektive Übung, die Sie sich von jemandem vorlesen lassen sollten, während Sie bequem mit geschlossenen Augen zum Beispiel in einem Sessel sitzen.

Die Beobachter-Übung:

Richten Sie Ihre Aufmerksamkeit für einen Moment auf sich selbst und diesen Raum, in dem Sie sich befinden. Stellen Sie sich den Raum vor. Stellen Sie sich selbst in diesem Raum vor, und wo genau Sie sich in diesem Raum befinden. Konzentrieren Sie sich auf Ihren Körper und kommen Sie in Kontakt mit ihm. Erleben Sie, wie Sie auf dem Stuhl sitzen. Spüren Sie bewusst, wie Ihre Haut den Stuhl berührt. Erleben Sie jede körperliche Empfindung, die Sie spüren. Wenn Sie eine entdecken, stellen Sie die Empfindungen nur fest und erlauben Sie Ihrem Bewusstsein weiterzuwandern. Erleben Sie jegliche Emotionen, die Sie haben, und wenn Sie eine haben, nehmen Sie sie einfach zur Kenntnis.

Nehmen Sie jetzt Kontakt mit Ihren Gedanken auf und beobachten sie einfach nur für einige Momente in aller Ruhe. Erleben Sie jetzt, dass bei Ihrer Beachtung dieser Dinge ein Teil von Ihnen Sie beachtet hat. Sie haben diese Empfindung bemerkt, diese Emotionen, diese Gedanken. Und diesen Teil von Ihnen werden wir das ***»Beobachter-Ich«*** nennen.

Es ist eine Person dort drinnen, hinter jenen Augen, die sich dessen bewusst ist, was Sie gerade lesen. Und es ist die gleiche Person, die Sie Ihr ganzes Leben lang gewesen sind. In einem tiefen Sinn ist dieses »Beobachter-Ich« die Person, die Sie »Ich« nennen.

Ich möchte, dass Sie sich an etwas erinnern, das ***letzten Sommer*** passiert ist. Laden Sie sich dieses Bild auf Ihren inneren Schirm. Jetzt sehen Sie sich einfach um. Erinnern Sie sich an all die Dinge, die damals passiert sind. Erinnern Sie sich an das, was Sie gesehen haben, an die Geräusche, Ihre Gefühle, Ihre Wahrnehmungen. Und während Sie das tun, schauen Sie, ob Sie beobachten können, dass Sie damals dort waren und beobachtet haben, was Sie beobachtet haben. Schauen Sie, ob Sie die Person hinter Ihren Augen erwischen können, die sah und hörte und fühlte. Sie waren damals dort und sind jetzt hier. Die Person, die sich dessen bewusst ist, derer Sie sich bewusst sind, ist jetzt hier und war damals dort. Stellen Sie fest, ob Sie die grundlegende Kontinuität erkennen können, in einem tiefen Sinn, auf der Ebene der erlebten Erfahrungen, nicht jedoch von Überzeugungen, dass Sie immer Sie gewesen sind, Ihr ganzes Leben lang.

Ich möchte, dass Sie sich jetzt an etwas erinnern, das Sie erlebt haben, als Sie noch ein ***Teenager*** waren. Laden Sie nun dieses Bild auf Ihren inneren Schirm. Sehen Sie sich jetzt um. Erinnern Sie sich an all die Dinge, die damals passiert sind. Erinnern Sie sich an das, was Sie gesehen haben, an die Geräusche, Ihre Gefühle. Lassen Sie sich Zeit! Und wenn Sie sich im Klaren sind, was dort war, schauen Sie, ob Sie nur für eine Sekunde erfassen können, dass damals eine Person hinter Ihren Augen war, die all das sah und hörte und fühlte. Sie waren damals dort und sind heute woanders. Versuchen Sie zu erleben, dass es eine grundlegende Kontinuität gibt zwischen der Person, die sich dessen bewusst ist, worüber Sie sich jetzt bewusst sind, und der Person, die sich dessen bewusst war, wessen Sie sich als Teenager in jeder spezifischen Situation bewusst waren. ***Sie werden feststellen: Sie sind Sie gewesen, Ihr ganzes Leben lang.***

Nun lassen Sie uns in einen anderen Bereich gehen, nämlich in den ***Ihrer Rollen***. Versuchen Sie zu ergründen, wie viele Rollen Sie spielen oder gespielt haben. Manchmal befinden Sie sich in der Rolle einer Mutter, eines Vaters, eines Freundes, einer Ehefrau, eines Ehemannes ... Zu einem anderen Zeitpunkt sind Sie jedoch eine Führungspersönlichkeit oder ein Unternehmer oder ein Arbeitnehmer. In Ihrer Gedankenwelt befinden Sie sich immer in irgendeiner Rolle. Wenn Sie versuchen würden, das nicht zu sein, würden Sie die Rolle von jemandem spielen, der keine Rolle spielen will. Sogar jetzt spielt ein Teil von Ihnen eine Rolle, nämlich die Rolle des Lesers und Zuhörers. Dennoch bemerken Sie gleichzeitig, dass Sie auch präsent sind. Der Teil von Ihnen, den Sie »Ich« nennen, sieht zu und ist sich bewusst, wessen Sie sich bewusst sind. Und in einem tieferen Sinn verändert sich dieses »Ich« nicht. Wenn sich also Ihre Rollen dauernd verändern, und doch Ihr »Ich« ein ganzes Leben lang dagewesen ist, muss es so sein, dass, obwohl Sie Rollen spielten und spielen, Sie immer dagewesen sind, Ihr ganzes Leben lang.

Lassen Sie uns nun zu einem weiteren Bereich kommen: ***Die Emotionen***. Beachten Sie, wie sich Ihre Emotionen fortwährend verändern. Manchmal fühlen Sie Liebe und manchmal Hass, manchmal Ruhe und dann Entspannung, manchmal sind Sie fröhlich und manchmal traurig. Denken Sie an Dinge, die Sie gemacht haben und jetzt nicht mehr mögen. Ängste, die Sie einmal hatten und die jetzt überwunden sind. Das Einzige, auf das Sie sich bei Ihren Gefühlen verlassen können, ist deren Veränderung. Auch wenn Sie von einer Welle von heftigen Sinneseindrücken übermannt werden, so wird diese nach einiger Zeit verebben. Während diese Emotionen kommen und gehen, beobachten Sie, dass sich in einem tieferen Sinn Ihr »Ich« nicht verändert. Es muss also so sein, dass Sie selbst, obwohl Sie Gefühle haben,

nicht bloß Ihre Gefühle sind. ***Auf eine sehr wichtige und tiefe Weise erleben Sie sich dabei selbst als eine Konstante, als eine unveränderliche Größe.*** Sie sind Sie durch all das hindurch. Daher beobachten Sie Ihre Emotionen einfach nur für einen Moment. Während Sie das tun, beobachten Sie, dass Sie sie beobachten.

Jetzt lassen Sie uns zu dem nächsten Gebiet wechseln: ***Ihre Gedanken***. Wie wir bereits gesehen haben, sind Gedanken schwierig, weil sie dazu neigen, uns festzunageln, uns aus unserer Rolle als Beobachter herauszuzerren. Als Kind waren Sie ahnungslos. Durch Eltern und Schule lernten Sie die ersten Gedanken. Sie haben neue Ideen kennengelernt und neues Wissen erworben. Manchmal denken Sie in einer Weise über eine Sache, manchmal in einer anderen und manchmal machen Ihre Gedanken vielleicht wenig Sinn. Manchmal scheinen sie automatisch hochzukommen, ungewollt. Sie verändern sich fortlaufend. Schauen Sie auf Ihre Gedanken, seit Sie dieses Buch lesen, und beachten Sie, wie viele verschiedene Gedanken Sie bereits gehabt haben.

In einer tiefen Art und Weise verändert sich dennoch nicht das Ich, das weiß, was Sie denken. Das muss doch bedeuten, dass Sie sich, obwohl Sie Gedanken haben, selbst nicht nur als Ihre Gedanken erleben. So beobachten Sie nun für ein paar Augenblicke Ihre Gedanken, und während Sie das tun, beobachten Sie ebenso, dass Sie sie beobachten.

Als eine Sache des Erlebens – und nicht des Glaubens oder der Überzeugung – sind Sie nicht bloß Ihr Körper, Ihre Rollen, Ihre Emotionen, Ihre Gedanken. Diese Zustände sind der Inhalt Ihres Lebens, während Sie die Arena sind, der Kontext, der Raum, in dem sich all dieses entfaltet. Schauen Sie, ob Sie aus dieser Übung einen Vorteil ziehen können, um einfach ein bisschen loszulassen, mit dem sicheren Wissen, dass Sie immer Sie gewesen sind durch all dies hindurch, wenngleich Ihr Leben viele Veränderungen in vielen Bereichen für Sie bereit gehalten hat und möglicherweise Ihnen noch präsentieren wird.

Wann sollte dieser Prozess einsetzen, sich von dem Konzept über sich selbst zunehmend oder in gewissen Bereichen zu verabschieden und die Haltung einzunehmen, sich selbst in der aktuellen Situation wahrzunehmen?

Im Prinzip ab dem Zeitpunkt, in dem Sie dies hier lesen und vor allem dann, wenn Sie glauben, festzustecken, sich in Gedankenspiralen befinden, nicht mehr flexibel handeln können, sich in Bewertungen verirren und glauben, dass Ihr Verhalten nicht mehr an die aktuellen Gegebenheiten angepasst ist und nicht mehr funktioniert.

Ich möchte noch einmal darauf hinweisen, dass die Verabschiedung von stereotypen Verhaltensweisen häufig mit der Angst verbunden ist, sich selbst zu verlieren.

Die folgenden Metaphern sollen Ihnen Erleichterung bringen und Sie ermutigen, von einem sicheren Ort aus sich und Ihre Umgebung zu beobachten, um gegebenenfalls flexiblere Entscheidungen fällen zu können, ohne dass Sie sich verlieren:

Metapher von der mehrschichtigen Kugel

Stellen Sie sich vor, Sie sind eine Kugel, die einen eisernen Kern hat. Um diese eiserne Kugel herum liegen viele andere weiche Schalen, die man ablegen kann. Die eiserne Kugel, der innere Kern sind Sie selbst. Dies ist der Teil von Ihnen, der immer schon da war, Ihr ganzes Leben lang, eine unveränderbare Konstante, die nie in Bedrohung kommt. Manche von den weichen Schalen stören Sie vielleicht, entweder dauerhaft oder in bestimmten Lebenssituationen. Diese Schalen können Sie dann abwerfen, ohne dass Ihr innerer Kern hierdurch berührt wird.

2.8 Selbst-als-Kontext

Schachbrettmetapher

Stellen Sie sich ein Schachbrett vor. Auf diesem Schachbrett stehen die Figuren, deren einzige Aufgabe es ist, sich zu bekriegen. Wenn Sie nun die Position einer dieser Figuren beziehen und sich damit identifizieren, sind Sie im Krieg und können verletzt werden. Sie können aber auch die Position des Schachbretts einnehmen. Sie tragen, Sie sehen was passiert, aber Sie sind in diesen Krieg nicht involviert. Die Figuren symbolisieren entweder Ihre eigenen Gedanken, Ihre eigenen Gefühle oder aber Dinge, die von außen an Sie herangetragen werden. Sie, Ihr eigentliches Ich, ist aber in diesem Fall nur das Schachbrett. Egal, was passiert, Sie sind immer da, nicht verletzlich. (Diese Metapher wurde bereits in vorangehenden Abschnitten anders benutzt und interpretiert, ist somit vielfältig einsetzbar.)

Zusammenfassend soll dieser Abschnitt Folgendes vermitteln: Es existiert ein »Selbst-als-Konzept«, das aus unserer Lerngeschichte entstanden ist und Konzepte über uns selbst, wie wir sind und wie wir sein sollen, beinhaltet.

Prinzipiell ist das nicht schlecht, und der Mensch kann sich hin und wieder in gewissen Situationen, wenn dieses Konzept sinnvoll und hilfreich ist, daran orientieren.

Er muss sich jedoch immer vergegenwärtigen, dass es sich bei diesem Konzept um eine *Geschichte* über sich selbst handelt. Häufig wird es im Leben notwendig werden, sich von Teilen dieses Konzeptes zu verabschieden. Wenn der Mensch das in diesen Situationen nicht tut, fehlt ihm die Flexibilität, und er handelt rigide und unfrei. Wenn er sich von diesem Konzept verabschiedet, muss er nicht Angst bekommen, sich selbst zu verlieren oder gar sich aufzulösen. Es gibt noch einen weiteren Teil des Selbst, der wesentlich robuster und stabiler ist und viel tiefer in der Ich-Struktur verankert ist: Das »Selbst-als-Kontext« oder auch das »Beobachter-Ich«. Hierbei handelt es sich quasi um den eisernen Kern der Kugel, um das Ich, das immer schon da war, seit der Existenz des Individuums. Es ist der Teil des Ichs, der beobachtet, der wahrnimmt und der erlebt, was das Individuum gerade tut. Es ist der Teil hinter den Augen, der sieht, was er sieht, ist mehr ein Ort oder eine Perspektive im Sinne des fortlaufenden Gewahrseins. Von diesem sicheren Ort aus kann das

Individuum beobachten, in einer neutralen, nicht wertenden Art und Weise, ob seine Handlungen, seine Rollen und seine Gefühle und Gedanken noch zielführend sind. Von hier aus kann festgestellt werden, ob das Individuum sich dem *Kontext* und der aktuellen Situation entsprechend verhält und sich an der *Funktionalität* orientiert. Die dargestellten Übungen und ein Gefühl für diesen sicheren Ort erlauben uns, ein tiefes und stabiles Selbstbewusstsein zu erlangen und flexible Entscheidungen zu treffen.

2.9 Nur-Mut-Coaching und Ausblick

Nun haben Sie beim Lesen des Buches sicherlich viel Neues erfahren. ACT ist mehr als eine Psychotherapie. Es ist eine offenere und sanftere Art zu leben, die uns allen guttut.

Sie haben folgende sechs Kernpunkte kennengelernt:

Gegenwärtig leben (Sicht des Hier und Jetzt gewahr sein)

Akzeptieren von Gefühlen (aktives, offenes Annehmen der Gegebenheiten)

Defusion (Entschmelzung und Abstand gewinnen von Gedanken)

Werteorientierung (sinnvoll und wertvoll eingeschätzte persönliche Ausrichtungen)

Commitment (überzeugendes und engagiertes Handeln)

Selbst-als-Kontext (das Selbst als die immer bleibende, unberührte Einheit) im Gegensatz zu dem Selbst-als-Konzept (unsere Lebensgeschichte)

Zu den einzelnen Punkten haben Sie viele Erklärungen erhalten, Übungen und Metaphern (Geschichten).

Vielleicht wurde Ihnen hierbei die doch recht radikale Andersartigkeit der »Akzeptanz- und Commitmenttherapie« deutlich.

Verlieren Sie aber keineswegs den Mut. Sie müssen nicht gleich alles und sofort umsetzen. Sie können sich ein einzelnes Thema oder eine einzelne Übung herausnehmen, sozusagen »klein anfangen« und immer dann, wenn Sie Gelegenheit haben, ein bisschen mehr umzusetzen. Und wenn Sie Spaß daran bekommen, entwickelt sich ein fortlaufender Prozess, der ein Leben lang anhalten kann.

An mir selbst und während der Arbeit mit meinen Patienten habe ich festgestellt, dass ACT zu erlernen und dabei zu bleiben nicht immer einfach ist. Es wird dann leichter, wenn ein Coach in der Einstiegsphase und/oder im weiteren Verlauf Hilfestellungen und Möglichkeiten zum Austausch gibt. Aus diesem Grund habe ich gemeinsam mit meiner Ehefrau Christine Hartge-Ohlmann die Internetplattform ***www.nur-mut-coaching.de*** eingerichtet. Auf dieser Plattform finden sich weitere Tipps und Beispiele, wie ACT im Alltag noch besser gelingen kann.

Sie können dort auch Kontakt mit uns aufnehmen und sich dadurch einfach in die Methode und Lebensphilosophie von ACT hineinfinden und permanent weiterbilden.

Ihr

Dr. Dirk Ohlmann

2.10 Elf Tipps für die Tasche

1. ***Neben Sie sich etwas Zeit zum Innehalten.***
   Suchen Sie sich einen schönen Ort, der Ihnen gefällt. Versuchen Sie einfach wahrzunehmen, wie schön das Erleben des Lebens ist.

2. ***Nehmen Sie sich Zeit.***
   Machen Sie einen Schritt nach dem anderen und diesen bewusst.

3. ***Geben Sie Ihren Gedanken nicht so viel Wichtigkeit.***
   Wenn ein Gedanke kommt, schauen Sie genau hin und überlegen, ob dieser gut oder schlecht für Sie ist. Wenn Sie glauben, dass er nicht gut ist, beziehungsweise für Sie nicht gut funktioniert, führen Sie sich dies vor Augen. Es handelt sich nur um einen Gedanken, quasi Ihr Kopfkino.

4. ***Hören Sie auf, unnötig zu kämpfen.***
   Machen Sie, was notwendig ist. Sollte dann doch etwas kommen, etwa eine Handlung oder ein Gefühl, das Sie nicht mögen, ist es eben so. Lassen Sie auch einmal sieben gerade sein.

5. ***Denken Sie hin und wieder darüber nach, ob Sie noch auf dem richtigen Kurs sind.***
   Stellen Sie sich die Frage, ob Sie in Ihrem Film noch der Hauptdarsteller sind. Wenn Sie feststellen sollten, dass dies nicht der Fall ist, haben Sie den Mut, notwendige Schritte in die Wege zu leiten, so, wie sie für Sie möglich sind.

6. ***Versuchen Sie zu erkennen, dass Sie nicht alles beeinflussen können.***
   Es gibt Dinge, die Sie nicht in der Hand haben. Hier dürften Sie auch einmal Verantwortung abgeben, an wen oder was auch immer.

7. ***Bewerten Sie nicht alles.***
   Üben Sie sich öfter einmal nur im Beobachten.

8. ***Wenn Sie glauben, dass Ihnen Schuld angetan wurde, sind Sie in Ihrem eigenen Sinne bereit, auch einmal zu verzeihen.***
   Dies nimmt Ihnen möglicherweise eine schwere Last.

9. ***Lassen Sie Ihr Leben nicht einfach so laufen.***
   Nehmen Sie sich Zeit, genau hinzusehen. Schauen Sie nach, ob Sie in den einzelnen Lebensbereichen Ihren Zielen und Werten noch gerecht werden. Dies können Sie täglich tun und sich auch täglich neue kleine Ziele setzen, um Ihren eigenen Vorstellungen des optimalen Lebens näherzukommen.

10. ***Gehen Sie nicht zu hart mit sich ins Gericht.***
    Natürlich gibt es gewisse Verhaltensweisen, die zu Ihnen gehören. Die dürfen Sie gerne beibehalten, wenn sie gut für Sie sind. Seien Sie aber auch in der Lage, von außen auf sich zu schauen und zu überlegen, ob eine spezielle Verhaltensweise gerade in diesem Augenblick noch nützlich ist. Wenn dies nicht mehr der Fall ist, haben Sie den Mut, sich hiervon zu verabschieden.

11. Genereller Tipp zum Schluss: ***Bei allem, was Sie tun und fühlen, fragen Sie nicht danach, ob es richtig oder falsch, gut oder schlecht ist.***
    Schauen Sie vielmehr darauf, ob es für Sie persönlich nützlich und hilfreich ist. Häufig ist es hilfreich, hier die Vergangenheit zu betrachten und zu schauen was gut oder schlecht funktioniert hat.

Literatur

Domian, J. (2012): Das Interview mit dem Tod, Gütersloh: Gütersloher Verlagshaus

Hanh, T.H. (1988): Das Wunder der Achtsamkeit, Bielefeld: Theseus

Hayes, S.C., Strosahl, K.D., Wilson, K.G. (2007): Akzeptanz- und Commitment- Therapie, München: CIP-Medien

Hayes, S.C., Strosahl, K.D., Wilson, K.G. (2012): Akzeptanz- und Commitment- Therapie, München: CIP-Medien

Harris, R. (2009): Wer dem Glück hinterherrennt, läuft daran vorbei, München: Kösel

Lotz, N. W. (2018): Akzeptanz- und Commitmenttherapie, Weinheim: Beltz

Lotz, N. W. (2016): Metaphern in der Akzeptanz- und Commitmenttherapie, Weinheim: Beltz

Luoma, J.B., Hayes, S.C., Walser, R.D. (2009): ACT- Training, Paderborn: Junfermannsche Verlagsbuchhandlung

Schnocks, D. (2013): Mit C.G. Jung sich selbst verstehen, Stuttgart: Kohlhammer

Wengenroth, M. (2013): Das Leben annehmen. So hilft die Akzeptanz- und Commitmenttherapie, Bern: Hans Huber

Raum für Ihre Notizen

Raum für Ihre Notizen